HEYNE FILMBIBLIOTHEK

BARBARA STANWYCK

Ihre Filme - ihr Leben

von JERRY VERMILYE

Deutsche Erstveröffentlichung

WILHELM HEYNE VERLAG
MÜNCHEN

HEYNE FILMBIBLIOTHEK
Nr. 32/125

Herausgeber: Bernhard Matt

Deutsche Übersetzung: Claudia Walter
Redaktion: Cornelia Zumkeller

Für Natalie –
deren Geschmack unfehlbar ist

Rückseitenfoto: Stiftung Deutsche Kinemathek, Berlin
Umschlaggestaltung: Atelier Ingrid Schütz, München
Printed in Germany 1988
Satz: Fotosatz Völkl, Germering
Druck und Verarbeitung: Ebner Ulm

ISBN 3-453-02833-3

Inhalt

DANKSAGUNG

Alfred Boone, George Caudill, Kenneth G. Lawrence's Movie Memorabilia Shop of Hollywood, Leonard Malton, Doug McClelland, Mark Ricci's Memory Shop, Metromedia Television (Mike Stephens), dem Museum of Modern Art (Charles Silver), James Robert Parish, Romano Tozzi und United Artists/16 (Donald Krim).
Und den Firmen, die Barbara Stanwycks Filme herstellten und herausbrachten: The American Broadcasting Co., Columbia Pictures, First National Pictures, Metro-Goldwyn-Mayer, Inc., Paramount Pictures Corp., Republic Pictures, RKO Radio Pictures, 20th Century-Fox Film Corp., United Artists, Universal Pictures und Warner Bros. Inc.

Einleitung

Als 1970 die Leute von Blackglama-Pelze das neueste Foto in ihrer Serie von Starporträts zu Werbezwecken für ihr Produkt herausbrachten, sah das Publikum eine herausfordernde kleine Lady, die die Hände energisch in die Hüften stemmte. Ihre weißen Haare schienen im Widerspruch zu ihrer glatten Gesichtshaut zu stehen, die Lippen waren trotzig aufgeworfen, ihre kämpferische Miene war wie eine Schelte für ihren Fotografen. Im Gegensatz zu ähnlichen Werbefotos dieser Firma, die die reifen Jahre solch »lebender Legenden« wie Joan Crawford, Marlene Dietrich, Bette Davis und Rita Hayworth mit schmeichelhafter weichzeichnender Fotografie glorifizierten, fing dieses Foto die Essenz einer weiteren solchen Legende ein – Barbara Stanwyck.

Sie ist seit Anfang der Tonfilmzeit ein Star und gehört zu den letzten der aussterbenden Rasse der großen Filmstars, obwohl dies eine Rolle ist, die sie für gewöhnlich gegenüber dem Publikum vermeidet. Sie hat nur selten über ihr Privatleben gesprochen und auch keine Memoiren geschrieben. Barbara Stanwyck – oder »Missy«, wie sie von ihren Freunden, Schauspielerkollegen und Filmcrews genannt wird – macht einfach mit der Schauspielerei weiter – wenn und falls sie Arbeit bekommt –, in einer Filmwelt, die sich seit ihren Lehrjahren in den Dreißigern sehr gewandelt hat.

Sie hat sich auf die Dauer gehalten, da sie ähnlich wie Joan Crawford bereit war, sich der Zeit anzupassen. Ihr Leinwandimage wandelte sich von der zähen Heldin der Depression zum »Kleiderständer«, zur gewitzten Komödiantin, zur Mörderin, zum besserungswilligen schlechten Mädchen, zur naiven Ehefrau, zur reifen Lady mit Vergangenheit und Pistole in Reichweite. Die Stanwyck konnte als große Dame genauso überzeugend sein wie als »Hure«. Man kritisierte sie, da sie nicht bereit war, sich aus dem Filmgeschäft zurückzuziehen, als die Zeiten schwer und gute Rollen rar (oder nicht vorhanden) waren; man kritisierte sie auch für ihre ein-

trägliche Arbeit in Melodramen und Western (einem Genre, das sie liebt) und später beim Fernsehen.
Bei Barbara Stanwyck, die zu den am wenigsten parodierten Hollywoodveteranen zählt, erinnert man sich besonders an ihre schön modulierte Altstimme, deren Töne im Laufe der Jahre immer tiefer wurden. Sie sprach ihren Dialog oft durch zusammengepreßte Zähne, schloß jedoch die Lippen meist nur widerwillig. Manchmal durchbrach allerdings ihr ursprünglicher Brooklyn-Slang den angelernten verfeinerten Hollywood-Sprechstil, und sie gestattete einer ihrer Ladies ein ungewohntes »neeuoo« oder »Tchoosday« auszustoßen, das mit dem Hintergrund der Story unvereinbar schien. Und so manch ein Stanwyck-Drehbuch erlaubte es ihr, in Tiraden auszubrechen, die Donnerschlägen gleichkamen.
Ihre Haltung ist exemplarisch; Miß Stanwyck erklärt, sie habe sie bei stundenlangem Beobachten von Löwen, Tigern und Panthern im Zoo entwickelt und ihnen abgeschaut. Obwohl ihre meisten Filmpersönlichkeiten stark, wenn nicht dominierend waren, ist sie doch fähig, auch introvertierte Zurückhaltung darzustellen (wie in *My Reputation*). Wie die meisten großen Stars bleibt die Stanwyck, innerhalb der verschiedenen Anforderungen ihrer Rollen, immer die Stanwyck. »Realismus und Selbstdarstellung, das ist der Stoff, aus dem die großen Stars in den frühen Jahren Hollywoods gemacht wurden«, hat sie einmal gesagt. »Es ist genauso, wie es die eine Zeile von Billy Wilder in *Sunset Boulevard* ausdrückt, als Gloria Swanson sagte: ›Zu meiner Zeit hatten wir Gesichter.‹«
Wie viele ältere Stars gibt sich Barbara Stanwyck uninteressiert an der Wiederaufbereitung ihrer vergangenen Tage. 1965 erklärte sie dem Interviewer Ezra Goodman: »Ich kann meinen alten Filmen im Fernsehen nicht entgehen. Manchmal schaue ich sie mir an. Wenigstens ein paar von ihnen, aber nicht die ganz alten. *Double Indemnity* war nicht schlecht. Er geht auch heute noch. Aber die wirklich alten kann ich nicht ansehen. Allerdings laufen die ja auch erst um zwei oder drei Uhr morgens, so bin ich vor ihnen ziemlich sicher.«

Ihre Rücksichtnahme auf andere, die bei ihren Filmen mitarbeiteten, hat sich oft in eigenem Unbehagen niedergeschlagen – doch ohne Klagen oder Beschwerden. Sogar ihre Methode, ein Skript zu lernen, hängt mit ihrer Rücksichtnahme auf andere zusammen. »Ich mußte immer vor Beginn das ganze Drehbuch lernen. Das gilt für den Film wie für das Fernsehen. Das ist das Bühnentraining. Ich muß einfach das Ganze lernen – genauso wie ich es bei einem Bühnenstück tun würde. Dann kümmert es mich nicht mehr, was der Regisseur an die Reihe nimmt, weil ich alles weiß – und mich nach ihm richten kann.«

Fast jeder, der einmal mit Barbara Stanwyck zusammen gearbeitet hat, weiß eine Geschichte über ihre Liebenswürdigkeit und Rücksicht zu erzählen – und hat großes Lob für ihren Professionalismus, ihre Großzügigkeit anderen gegenüber und ihren Sinn für Humor. Für Angeber hat sie kein Verständnis und hat es immer vermieden, sich mit falschen Attributen auszustaffieren, von denen so viele andere Schauspielerinnen ihres Kalibers abhängig waren. Sie stopfte nicht ihren mäßigen Busen aus und färbte sich auch nicht ihr früh ergrautes Haar, um ihr Alter zu verschleiern (»So was Dummes. Jeder wird alt.«).

In einem Alter, in dem es für sie nur noch selten eine Arbeit gibt, die sie in Betracht ziehen könnte, will Barbara Stanwyck jeden Tag so nehmen, wie er kommt, und schließt: »Ich würde gerne noch einen Film machen, wenn es eine gute mutige Rolle wäre.«

Aus Miß Stevens wird Miß Stanwyck: Startrampe Brooklyn

Barbara Stanwyck hat ihre Kindheit als »vollkommen entsetzlich« beschrieben. Sie wurde in Brooklyn als das fünfte und letzte Kind eines armen schottisch-irischen Paares geboren. Die Eltern Byron und Catherine McGee Stevens bekamen sie am 16. Juli 1907 und nannten sie Ruby. Im Alter von zwei Jahren verlor sie ihre kränkliche Mutter, die nach Berichten von einem Betrunkenen versehentlich aus einer Straßenbahn gestoßen wurde, sich dabei eine lebensgefährliche Kopfverletzung zuzog und an deren Folgen starb. Byron Stevens, ein Arbeiter, wurde mit seinem Kummer nicht fertig, ebensowenig mit der Armut und den Sorgen um seine fünf Kinder. Er ließ die Familie im Stich und ging zur See. Später fand man heraus, daß er nach zwei Jahren gestorben und auf See beigesetzt worden war.

Ruby Stevens wurde mit vier Jahren Waise und verbrachte ihre frühen Jahre bei Pflegeeltern, zusammen mit ihrem kaum älteren Bruder Byron. Zwischendurch wurden sie von ihrer älteren Schwester Mildred beaufsichtigt, deren Karriere als Showgirl sie oft in die Provinz verschlug. »In elf Jahren habe ich bei 14 verschiedenen Familien gewohnt«, sagte die Stanwyck einmal und fügte hinzu, »am deutlichsten erinnere ich mich an die Menschenmengen, an verbrauchte alte Frauen, die sich über Waschzuber beugten, und an schreiende Babies, an Männer, die betrunken nach Hause wankten. Die Hälfte dieser Zeit schlief ich auf einer Matratze auf dem Küchenboden.«

Wann immer sie das Geld zusammenschnorren konnte, suchte die kleine Ruby im Kino Zuflucht, wo Pearl White ihre Heldin war. Heute sagt die Stanwyck: »Ich glaube, das hat den Wunsch in mir aufkeimen lassen, Schauspielerin zu werden.« Sie lernte von einem Verehrer ihrer Schwester tanzen. James »Buck« Mack war die eine Hälfte eines Vaudeville-Teams, genannt Miller and Mack. Ihre Schulen wechselten genauso oft wie ihre Adresse. »Ich glaube, ich bin in jede Volksschule in Brooklyn gegangen, ich wurde herumgeschoben und so oft woanders hingeschickt«, hat sie einmal gesagt. Doch mit 13 machte sie an der Erasmus Hall High School ihren Abschluß, was das Ende ihrer Grundausbildung bedeutete. Wirtschaftliche Umstände zwangen sie, arbeiten zu gehen.

Ruby machte sich drei Jahre älter und fand eine Stellung im Erdgeschoß des Kaufhauses Abraham & Straus als Paketpackerin. Dann arbeitete sie für das Telefonamt und später in der Schnittmusterabteilung von *Vogue Magazine* – wo sie gefeuert wurde, als man feststellte, daß sie absolut keine Ahnung von Schnittmustern hatte. Als nächstes kam ein Job als Aktensortiererin. Während dieser Zeit hat sie Tanzunterricht genommen. Mit 15 kam sie durch eine Stellenangebotsanzeige der Remick Music Publishing Company zu ihrem ersten Job im Showgeschäft – als Chorgirl in einem populären Times Square Nightclub namens Strand Roof.

In der Vorstellung, eine zweite Isadora Duncan zu werden, hatte sich Ruby Stevens aufgedonnert und herausgeputzt, um den Regisseur davon zu überzeugen, daß sie 18 sei. Ob Lindsay sich von ihrer Aufmachung täuschen ließ oder nicht, bleibt unbekannt. Jedenfalls war er vom Tanz des Mädchens so beeindruckt, daß er sie für 35 Dollar pro Woche einstellte. Ruby arbeitete unter seiner Leitung hart und überspielte ihren Mangel an Erfahrung, indem sie Lindsays Tanznummern schnell lernte. Später war er ihr dabei behilflich, Arbeit in anderen Clubs und Broadway-Revuen zu erhalten, mit denen er in Verbindung stand. In den *Ziegfeld Follies* ritt Ruby Stevens 1922 in einem knappen Kostüm auf einem Elefanten. Danach tanzte sie im Ballett der Shubert-Revue *A Night in Venice* und ging im Mai 1924 zu *Keep Kool*, das wieder Earl Lindsay inszenierte. Sie war eine von 17 »Keep Kool Cuties«, die von *Variety* als »das steppigste Ballett, das man seit Jahrzehnten gesehen hat«, beschrieben wurden. Ruby Stevens war 16 Jahre alt und hatte auch eine Rolle in einem Komödien-Sketch. Als im August *Keep Kool* schloß, zog sie mit den *Ziegfeld Follies* weiter und trat in zwei Produktionsnum-

Im Kinderwagen, mit Bruder Byron

mern und einer Wiederaufnahme des satirischen Sketches aus *Keep Kool* auf. Anschließend war sie eine der Ladies des Ensembles in einer Shubert-Revue 1925 mit dem Titel *Gay Paree,* bei der Chic Sale und Winnie Lightner die Hauptrollen spielten.

Zu dieser Zeit teilte sich Ruby ein Zimmer mit kaltem Wasser mit ihren Mittänzerinnen Mae Clarke (auch für sie war

Filmruhm bestimmt – und Jimmy Cagneys Grapefruit) und Wanda Mansfield, die später den Songschreiber Walter Donaldson heiratete (»My Blue Heaven«, »Carolina in the Morning«). Die Stanwyck sagte dazu: »Wir mußten so hausen. Es war die einzige Möglichkeit, sich noch etwas zum Essen kaufen zu können.« Anfang 1926 arbeiteten Ruby und Mae noch zusätzlich heimlich als Steptänzerinnen im Everglades Café, was sie, zusammen mit ihrem Engagement bei *Gay Paree,* erschöpfte, aber immerhin zahlungsfähig machte. Und dann kam die unvermeidliche Zeit der Arbeitslosigkeit. Barbara Stanwyck verdankt ihr Überleben in diesen mageren Zeiten der Großzügigkeit des Restaurantbesitzers Billy LaHiff, dessen beliebtes Lokal »The Tavern« in der 48. Straße so manchen arbeitslosen Broadwaydarsteller durchfütterte und dessen Nichte die aufstrebende Schauspielerin und Tänzerin Nancy Carroll war. Durch LaHiff erhielt Ruby Stevens ihre erste Chance. Er wußte, daß der Regisseur und Autor Willard Mack Tänzerinnen für sein Stück *The Noose* einstellte. Nachdem sie engagiert war, überredete sie Mack dazu, auch ihre beiden Zimmergefährtinnen anzustellen.

The Noose lief in der Probezeit in Pittsburgh so schlecht, daß Mack es völlig umschrieb und Rubys kleine Cabaret-Girl-Rolle zur weiblichen Hauptrolle ausdehnte. Als Hauptdarstellerin hatte sie nun allein eine dramatische Schlüsselszene zu tragen – eine, die dem Talent eines Chormädchens das Äußerste abforderte, denn bisher hatte sie keine Erfahrungen mit schwerem Drama gesammelt. Die Schauspielerin schreibt es den klugen Anweisungen Willard Macks zu, daß sie es schaffte, »es zu lernen«. Sie erzählt, daß er ihrem untypischen temperamentvollen Auftreten bei den Proben mit der Herausforderung entgegentrat, daß sie immer ein Chormädchen bleiben würde und sich überhaupt zum Teufel scheren könnte.

Die Stanwyck erzählte später, daß ihr irisches Temperament mit ihr durchgegangen sei: »Es hat funktioniert. Ich schrie zurück, daß ich spielen *könne,* schauspielen *würde,* kein Chormädchen sei – sondern Bernhardt, Fiske und die ganzen Booths und Barrymores in einer Person.«

Mack holte nicht nur eine schauspielerische Leistung aus Ruby Stevens, der elternlosen Steptänzerin aus Brooklyn, heraus, sondern er lehnte auch ihren Namen als unpassend für eine aufstrebende ernsthafte Schauspielerin ab. Die bekannteste Geschichte über die Auswahl des Namens »Barbara Stanwyck« als Ersatz für »Ruby Stevens« berichtet, daß sich Mack von einem alten Theaterplakat im Belasco-Theater in-

Im Broadwaystück ›The Noose‹ (1926). Mit Rex Cherryman

spirieren ließ, auf dem zu lesen stand: »Jane Stanwyck in *Barbara Frietchie*.« (Man kann darüber spekulieren, wie weit sie es gebracht hätte, wäre es »Jane Frietchie« geworden.) Und so kam *The Noose* am Abend des 20. Oktober 1926 vor das Broadway-Publikum, und Ruby Stevens, nunmehr Barbara Stanwyck, nahm den ersten Beifall der Kritik für ihre Darstellung entgegen. Der Kritiker des *New York Telegram* schrieb: »Barbara Stanwyck liefert eine außergewöhnlich gute Leistung. Sie führt nicht nur die Charlestonschritte eines Tanzhallenmädchens graziös vor, sondern weiß auch zu spielen, ein Merkmal, das dank ihres hübschen Aussehens fast überflüssig erscheint.«

The Noose brachte es auf 197 Vorstellungen im Hudson-Theater am Broadway. In dieser Zeit half Willard Mack der Stanwyck, sich als Schauspielerin weiterzuentwickeln, indem er mit ihr in seiner spärlichen Freizeit Manuskripte anderer Stücke studierte und an ihnen arbeitete.

Bei ihrem Engagement bei *The Noose* verliebte sich Barbara Stanwyck in den Hauptdarsteller Rex Cherryman. Sie machte auch ihre erste Probeaufnahme für den Film – bei dem Produzenten Robert Kane. Ein Agent nahm sie zum alten Cosmopolitan-Studio an der Second Avenue, Ecke 125. Straße mit. Dort fand sie sich zweifach behindert, zuerst durch einen verliebten Kameramann, dessen Annäherungsversuche sie abwies, und dann durch die Forderung, in einer Szene zu spielen, die Tränen verlangte – und das in einer Studioatmosphäre, die der Konzentration nicht gerade förderlich war.

Broadway Nights, der Film, für den sie getestet wurde, war ein romantisches Drama über die Karriere und ehelichen Probleme eines Paares im Showgeschäft. Regie führte Joseph C. Boyle. Wäre Miß Stanwycks Test besser fotografiert und unter günstigeren Umständen produziert worden, hätte sie vielleicht die Ehefrau gespielt. Statt dessen ging die weibliche Hauptrolle an Lois Wilson als Partnerin von Sam Hardy, und Barbara spielte eine Nebenrolle als Chormädchen und Freundin eines Musical- und Komödien-Produzenten (Louis John Bartels). *Broadway Nights* brachte auch in einer Kleinstrolle das Filmdebüt einer weiteren New Yorker

Im Broadwaystück ›Burlesque‹ (1928). Mit Hal Skelly

Schauspielerin, die bald ein wichtiger Name am Theater werden sollte – Sylvia Sidney. *Broadway Nights* wurde im Frühling 1927 herausgebracht und war Miß Stanwycks einziger Stummfilm. Sie lehnt diesen Film allerdings ab und zieht es vor, die Legende zu pflegen, daß ihre Filmkarriere 1929 mit *The Locked Door* begann.

Produzent, Regisseur und Autor Arthur Hopkins besetzte zu dieser Zeit gerade die weibliche Rolle neben Hal Skelly in *Burlesque,* einer Theatergeschichte, gleichzeitig Komödie

und Drama, die Hopkins zusammen mit George Manker Watters geschrieben hatte. Er erinnert sich, von Stanwycks Feinfühligkeit in *The Noose* beeindruckt gewesen zu sein. Hopkins schrieb später in seiner Autobiographie: »Sie schien die Qualität zu haben, die ich suchte, eine Art rauhe Schmerzlichkeit.« Sie unterschrieb für die Rolle der Bonny Johnson, deren Mann und Bühnenpartner, Skid, mit Hilfe seiner Frau am Broadway großen Erfolg hat. Doch er wird von der Flasche abhängig, ihre Ehe zerbricht und wird dann gerettet, als sich Bonny anders besinnt und Skid hilft, wieder auf die Beine zu kommen.
Arthur Hopkins machte später die Stanwyck und Hal Skelly für den Erfolg des Stücks verantwortlich und verglich die Schauspielerin in ihrer Leichtigkeit, ehrliche Gefühle auszudrücken, mit der altgedienten Darstellerin Pauline Lord. Seine Meinung wurde von dem bekannten Kritiker Alexander Woollcott von *The World* unterstützt. Er schrieb: »Miß Stanwycks Darstellung war bewegend und wahr. Sie brachte sehr viel in diese kleinen schmerzlichen Pausen ein, deren Geheimnis und Zauberkraft Mr. Hopkins so gut kennt.«
Unter den Hits der Saison 1927/28 hielt sich *Burlesque* bis weit in den Sommer hinein und brachte es auf insgesamt 372 Aufführungen. Eine Wiederaufführung 1946 mit Bert Lahr und Jean Parker lief sogar noch besser. Dieses Bühnenstück kam unter verschiedenen Titeln dreimal auf die Leinwand: 1929 als *The Dance of Life* mit Hal Skelly und Nancy Carroll; 1937 als *Swing High, Swing Low* mit Fred MacMurray und Carole Lombard; und 1948 als *When My Baby Smiles at Me* mit Dan Dailey und Betty Grable. Es war für die Stanwyck eine der ersten großen Enttäuschungen, daß sie nicht mit Skelly die erste Verfilmung machen konnte.
Während sich Barbara Stanwyck am Erfolg von *Burlesque* freute, spielte Rex Cherryman neben Ann Harding in einem weiteren Broadway-Hit, *The Trial of Mary Dugan.* Zu dieser Zeit stellte Oscar Levant, ein weiterer Darsteller von *Burlesque,* Miß Stanwyck dem Vaudeville-Zugpferd Frank Fay vor, der damals auf dem Gipfel seiner Karriere stand. Sie hatte ihn schon früher einmal auf der Bühne in Lynbrook auf Long

Island gesehen, wo er eine neue Vaudeville-Nummer ausprobierte. Damals hatte sie zu ihrer Freundin Mae Clarke gesagt: »Ich kann den Kerl nicht ausstehen.«
Im Sommer 1928 mußte sich Cherryman wegen Krankheit von *Mary Dugan* beurlauben lassen, um per Schiff nach Europa auf Urlaub zu fahren. Man brachte ihn in Cherbourg von Bord, und er starb im Alter von 30 Jahren im Krankenhaus von Le Havre. Jahre später erzählte Miß Stanwyck einem Interviewer: »Dieser Verlust hätte mich beinahe umgebracht.«
Als jedoch *Burlesque* vorübergehend pausierte, traf sie Frank Fay in St. Louis, wo er ein Engagement als Zeremonienmeister im Missouri-Theater angenommen hatte. Sie war 20, er zehn Jahre älter und geschieden. Sie wurden am 26. August um 14.15 Uhr getraut, und um 17.00 Uhr bestieg die Braut einen Zug nach Osten, der sie nach Newark, New Jersey, bringen sollte, wo am folgenden Abend *Burlesque* wiederaufgeführt werden sollte. Zu dieser Zeit verkündete die Stanwyck den Plan, sich von der Bühne zurückzuziehen, sobald das Stück im kommenden Winter in Chicago abgesetzt sei. Ein paar Monate später verließ sie die *Burlesque*-Tournee, um sich in Manhattan wieder mit ihrem Mann zu vereinen.

Hollywood: Die Heldin der Depression

Als Frank Fay nach Hollywood ging, um für Warner Bros. zu arbeiten, begleitete ihn Barbara Stanwyck, da sie immer noch Hoffnung hatte, ihre Bonny in Paramounts bevorstehender Version von *Burlesque* zu spielen. Doch es war die altbekannte Hollywoodgeschichte einer großartigen Bühnendarstellung, die nicht auf die Leinwand kam, da der Name ihrer Schöpferin nicht für berühmt genug gehalten wurde, um dem Film ein gutes Einspielergebnis zu sichern. Und außerdem brauchte Paramount einen Film für ihre Vertragsschauspielerin Nancy Carroll.

Dann drehte die Stanwyck den Film, den sie als ihr offizielles Leinwanddebüt ansieht – *The Locked Door.* Das Angebot dieser weiblichen Hauptrolle in dem frühen Tonfilm war das Resultat des guten Eindrucks, den sie bei Joseph Schenck, dem Chef der United Artists, mit ihrer Broadway-Arbeit in *Burlesque* hinterlassen hatte.

The Locked Door (1929) war ein Remake eines alten Broadway-Melodrams von Channing Pollock, das 1921 bereits die Vorlage für einen Stummfilm mit Norma Talmadge unter dem Bühnentitel *The Sign on the Door* geliefert hatte. Die altmodische Handlung dreht sich um das Leiden einer Sekretärin (Stanwyck), die ihren Chef heiratet (William »Stage« Boyd, nicht zu verwechseln mit dem Filmschauspieler, der später als Hopalong Cassidy berühmt wurde), aber von einem skrupellosen Schurken aus ihrer Vergangenheit (Rod La Rocque) gequält wird. Bei einer aufregenden Konfrontation zwischen Ehemann und Lump wird letzterer von Boyd angeschossen und die Stanwyck versehentlich mit dem sterbenden Mann eingeschlossen. Doch bevor La Rocque stirbt, spricht er die Stanwyck und ihren Ehemann frei von der Schuld an seiner »Ermordung«, indem er verrät, daß es ein Unfall gewesen sei.

George Fitzmaurice, der altgediente Regisseur so romantischer Stummfilme wie *Lilac Time* (»Zeit des Flieders«) und *The Son of the Sheik* (»Der Sohn des Scheichs«), war mit dem

›The Locked Door‹ (1929). Mit William Boyd

Mikrophon ein relativer Neuling. Das Drehbuch wirkte ziemlich angestaubt, und er konnte nur wenig tun, um daraus einen erfolgreichen Tonfilm zu machen, so daß dieser Regisseur für Miß Stanwyck offensichtlich keine große Hilfe war, die eine intensive, überlebensgroße Bühnendarstellung ablieferte, die ihr inzwischen zur zweiten Natur geworden ist. Der Film lief so langsam ab (die frühe Mikrotechnik schuf im Jahr 1929 noch für viele Regisseure unüberwindliche Probleme), daß sogar eine *natürliche* Schauspielerin wie die Stanwyck sich schwertat, eine überzeugende Darstellung zu liefern. Die Schauspielerin ist auf *The Locked Door* nicht besonders stolz. Jahre später erinnerte sie sich: »Keine Stinkbombe hat die Leute je so schnell aus einem Theater getrieben wie dieser Film. Er war unglaublich verheerend. Manchmal kann ein Film schlecht sein und ein Schauspieler darin gut. Doch ich war sogar noch schlechter als der Film.«

Unterdessen fungierte Frank Fay als Conférencier bei *The Show of Shows,* Warners All-Star Musical Revue. Das Beste, was Barbara Stanwyck auftreiben konnte, war ein Angebot von Columbia, eine eiskalte Verführerin in der Billig-Produktion *Mexicali Rose* darzustellen. Wieder hatte sie in Erle C. Kenton einen Regisseur, der einer bühnentrainierten Schauspielerin, die dringend eine zweckmäßige Technik für den Film brauchte, keine große Hilfe war. Kentons Werk in den zwanziger Jahren war unerheblich, und er ist heute vielleicht am besten bekannt durch *The Island of Lost Souls,* ein seltsames Horrormelodram mit Charles Laughton und Bela Lugosi aus dem Jahre 1933.

Psychologisch war die Stanwyck eigentlich noch nicht weit genug, um einen »Schuft« zu spielen, und als liederliche Rose fehlbesetzt. Rose heiratet, um sich an dem Mann (Sam Hardy) zu rächen, der sie verlassen hatte, als er ihre Untreue bemerkte, dessen jüngeren Bruder (William Janney).

Doch schließlich werden ihr ihre verruchten Wünsche doch zum Verhängnis, als der Dorftrottel (Arthur Rankin) sie ermordet.

Einige Mitglieder der Presse verspotteten Barbara Stanwycks Brooklyn-Akzent und fanden kaum Lobenswertes in ihrer aufgesetzten Darstellung, die so unsicher war wie der Film absurd. Die Stanwyck hat einmal über *Mexicali Rose* gesagt: »Ich war der Geier von Mexiko. Ich sollte ein größerer Vamp sein, als es Theda Bara jemals war. Ich mußte sogar den Schauspieler verführen, der die komische Rolle spielte. Es gibt nicht den geringsten Zweifel, es war der schlechteste Film, der jemals gedreht wurde. Der miserabelste aller Zeiten.«

The Locked Door und *Mexicali Rose* kamen beide Ende 1929

›Mexicali Rose‹ (1929). Mit Sam Hardy

heraus und ernteten lausige Kritiken und wenig Besucher. Miß Stanwyck hatte bei verschiedenen Studios Probeaufnahmen gemacht, doch es kam nichts dabei heraus. Die Schauspielerin erzählt, daß sie damals beinahe ihre ganze berufliche Zuversicht verloren hätte, die sie während ihrer schweren Tanzjahre in New York bekommen hatte. Das häusliche Leben mit Frank Fay, der fleißig die Filme *Bright Lights, The Matrimonial Bed* und *Under a Texas Moon* drehte, wurde langsam wichtiger als die letzten Hoffnungen, doch noch eine Filmkarriere aufzubauen. Sie kauften sich im eleganten Brentwood Heights ein Haus und adoptierten einen Jungen, den sie Dion Anthony Fay nannten. Franks Vater zog bald zu ihnen und schließlich auch »Buck« Mack.
Und dann kam ein Studiotest – ein Nachttest – mit einem jungen Mann mit ausländischem Akzent, dem man offensichtlich geraten hatte, die Aufnahme schnell hinter sich zu bringen und sie loszuwerden. Im Gegensatz zu den meisten Tests dieser Art war kein Regisseur zu sehen und keine Hilfe durch ein Drehbuch oder einen Maskenbildner. Als der junge Mann sie fragte, ob es etwas gäbe, was sie spielen wolle, schlug sie eine Szene aus *The Noose* vor. Halb erledigt durch die schäbigen Umstände, gab Miß Stanwyck trotzdem ihr Bestes und war erstaunt, als sie ihren versteckten »Regisseur« in Tränen aufgelöst fand, nachdem sie die Szene beendet hatte. Er entschuldigte sich nicht nur für die Art und Weise, in der sie behandelt worden war, sondern sagte, es sei ein Privileg gewesen, »mit einer wirklichen Schauspielerin« eine Probeaufnahme zu machen. Barbara Stanwyck berichtet, daß die Worte dieses Mannes – Alexander Korda – ihr geholfen haben, ihren Glauben an sich selbst wiederzufinden.
Das Urteil über die Aufnahme, die für die Gebrüder Warner in Farbe gedreht wurde, lautete, daß weder die Schauspielerin, noch ihr Regisseur »dem Film irgend etwas zu bieten hätten«. Doch dann wurde der Streifen bei Harry Cohn vorgeführt, dem Chef von Columbia, die immer noch eine Option auf die Schauspielerin hatte. Und trotz der negativen Aufnahme von *Mexicali Rose* ließ Cohn sie einen Kontrakt unterschreiben und schlug sie dem Regisseur Frank Capra für *La-*

›Ladies of Leisure‹ – ›Luxusfrauen‹ (1930). Mit George Fawcett

dies of Leisure (»Luxusfrauen«) vor, ein romantisches Melodram, das er nach dem Bühnenstück *Ladies of the Evening* von 1924 zu verfilmen plante.
Die Stanwyck entsprach eigentlich nicht Capras Vorstellungen von Kay Arnold, der leicht angekratzten Heldin seines nächsten Films, doch er war einverstanden, sie für die Rolle anzuhören. Ihr erstes Treffen verlief schlecht. Die Schauspielerin war entmutigt und schüchtern, kam ohne Make-up und schlicht gekleidet und benahm sich mürrisch und unkooperativ. Als Capra sie schließlich bat, für ihn einen weiteren Test zu machen, erzählt der Regisseur, sprang Barbara Stanwyck auf, fauchte: »Zum Teufel! Sie mögen an mir nichts!« und beendete das Gespräch. Frank Fay erfuhr von dem unglücklichen Vorsprechen und überredete Capra dazu, sich die dreiminütige Probeaufnahme von Warners mit *The Noose* anzusehen. Er erklärte, daß das negative Gespräch

mit seiner Frau das Resultat ihrer natürlichen Schüchternheit und ihrer beruflichen Niedergeschlagenheit gewesen sei.
Capra sah sich den Teststreifen an und behauptet heute, daß ihm dabei ein Kloß von der Größe eines Eises im Halse steckte. Er bestand darauf, daß Harry Cohn sie sofort für *Ladies of Leisure* (»Luxusfrauen«) engagierte. Damit begann eine glückliche Arbeits-Partnerschaft, die fünf Filme hervorbringen sollte, von denen zwei zu den Marksteinen ihrer Karriere zählen sollten.
Ladies of Leisure (»Luxusfrauen«) kam im Frühling 1930 heraus, wurde zum größten Kassenerfolg der Columbia bis heute und zog das Lob der Kritik auf sich. »Miß Stanwyck triumphiert«, lautete die Überschrift der Kritik in *The New York Times,* und in seiner Notiz lobte Mordaunt Hall den Film als »ein Porträt eines suchenden Großstadtmädchentyps, der als ›Goldgräber‹ bekannt ist.« Er zitierte die »beherrschte Leistung von fast allen Schauspielern« und »die allgemeine Leichtigkeit in der Führung, die der Regie von Frank Capra zu verdanken ist«. Über die Stanwyck fügte er hinzu: »Sie zeigt eine sehr erfreuliche Fähigkeit, die Anforderungen ihrer Rolle zu erfassen.«
Ladies of Leisure (»Luxusfrauen«) ist eine Mischung aus *Pygmalion* und *Kameliendame.* Er berichtet über Jerry (Ralph Graves), einen wohlhabenden, jungen, strebsamen Künstler, der das zähe Hafenmädchen Kay (Stanwyck) aufliest, weil er in ihrem Gesicht eine Besonderheit sieht, die er auf die Leinwand bannen will. Er macht sie zu seinem Modell, macht ihr auch den Hof, und schließlich verlieben sie sich ineinander. Ihr Verhältnis zerbricht, als Jerrys Eltern sich gegen eine Schwiegertochter mit zweifelhafter Vergangenheit sträuben und seine Mutter Kay anfleht, ihn aufzugeben. Sie werden wieder versöhnt, aber erst nachdem Kay einen Selbstmordversuch unternommen hat.
Drehbuchneuling Jo Swerling, der für Columbia »Hinterhof«-Produktionen geliefert hatte, überzeugte Capra dreist davon, daß er das eselsohrige Skript des Regisseurs zu einem sprichwörtlich hochklassigen Stoff umarbeiten könne. Swerling übertraf sich sogar selbst und lieferte Capra ein Dreh-

buch, das der Regisseur für »menschlich, geistreich und beißend« hält.
Capra entdeckte in Barbara Stanwyck eine Schauspielerin mit seltener Ehrlichkeit und Sensitivität. »Die Stanwyck spielt eine Szene nicht«, hat er einmal gesagt, »sie *lebt* sie. Ihre beste Arbeit ist das Ergebnis – nicht von Timing, Proben und Lernen, sondern von reiner weiblicher Reaktion.« Capra entdeckte auch, daß seine neue Schauspielerin ein spezifisches Problem hatte: Ihr natürlicher Einstieg in eine Szene hatte zum Ergebnis, daß sie bereits bei der ersten Aufnahme alles gab, um dann in ihrer Energie und Aufrichtigkeit nachzulassen. Um diese Schwierigkeit zu bekämpfen, probte er ohne sie mit den anderen Schauspielern, nahm dann Barbara Stanwyck für eine kurze Szenenbesprechung auf die Seite, ließ sie vor die Kamera treten und fing dann ihre natürlichste und spontanste Darstellung ein. »Sie merkte sich jedes Wort, das ich zu ihr sagte«, erinnert er sich, »und sie schmiß niemals eine Szene.«
Als Ergebnis von Frank Capras Einsicht, Fürsorge und Feingefühl bei der Arbeit mit Miß Stanwyck vollbrachte sie in *Ladies of Leisure* (»Luxusfrauen«) eine auch heute noch anerkennenswerte Leistung. Der Film wird nur noch selten gezeigt, doch er ist in der Darstellung menschlicher Beziehungen erstaunlich wahr, trotz der vergangenen Zeitspanne und des Wandels im Schauspielstil. Der Film gewann keine Preise, wurde nicht einmal für einen Preis nominiert, doch Frank Capra schreibt dies der unbedeutenden Stellung von Columbia unter den Hollywoodstudios zu dieser Zeit zu.
Ladies of Leisure (»Luxusfrauen«) machte Barbara Stanwyck zu einem Zeitpunkt zu einem wichtigen Star, als die Zugkraft ihres Mannes an den Kinokassen rapide nachließ. Fays Hang zur Flasche wurde durch den Mißerfolg seines Films *Bright Lights* verschlimmert, und nach einem weiteren Film, *God's Gift to Women,* ließ ihn Warner fallen. Durch Miß Stanwycks Erfolg in dem Capra-Film und durch ihre spätere Unterzeichnung nichtexklusiver Verträge bei Columbia und Warner nahm die häusliche Zwietracht zu.
Warner übertrug der Stanwyck *Illicit,* und zum ersten Mal

›Illicit‹ (1931). Mit James Rennie

wurde sie als Star genannt. Archie Mayo, ein Vertragsregisseur bei Warner, inszenierte den Film mit Miß Stanwyck als moderne junge Frau, die zwischen einer Heirat aus Kameradschaft und einer aus Liebe hin- und hergerissen wird. Die freie Liebe wird sittsam erforscht, und Harvey Thews Drehbuch zu diesem Filmbeispiel aus der Zeit vor dem Produktions-Kodex erlaubte Barbara Stanwyck und James Rennie, in einer offenen Beziehung zusammenzuleben, während sie die Hochzeit verschieben, von der sie befürchten, daß sie zu Zweifeln und Sorgen führen würde. Als sie dann doch heiraten, schieben sie die Schuld an allen Streitigkeiten der Legalisierung ihres Verhältnisses zu. Beide suchen Trost bei alten Freunden (Natalie Moorhead und Ricardo Cortez), doch durch die Manipulationen des Drehbuchautors erkennen sie, daß sie doch den Ehepartner vorziehen.

Barbara Stanwycks Darstellung erhielt wieder Lob von der Kritik, und die Reklamemacher von Warner erhielten die Anweisung, sie bei ihrer Werbekampagne für *Illicit* mit »*Miß* Barbara Stanwyck« zu bezeichnen – eine Geste, die das Studio bisher nur zwei Schauspielern gezeigt hatte: George Arliss und John Barrymore, beide ausgezeichnete Bühnenschauspieler, bevor sie zum Film gingen.
Die Stanwyck kehrte dann zu Columbia zurück, um bei der Verfilmung eines Jo-Swerling-Drehbuchs mitzuwirken, das zuerst *Roseland* und *Anybody's Girl* hieß und schließlich *Ten Cents a Dance* betitelt wurde. Es war der siebte – und letzte – der Filme, die der Schauspieler Lionel Barrymore *inszenierte.* Er hatte mit Ruth Chatterton einen ihrer frühen Erfolgs-

›The Cents a Dance‹ (1931). Mit Ricardo Cortez

filme, *Madame X,* gedreht und das Filmdebüt des Opernstars Lawrence Tibbett in *The Rogue Song,* für den er eine Oscar-Nominierung erhielt. Unglücklicherweise litt Barrymore bei *Ten Cents a Dance* bereits an einer fortschreitenden Arthritis, die ihn schließlich an einen Rollstuhl fesseln sollte. Schon zu dieser Zeit nahm er Medikamente, die ihn mitten unter den Aufnahmen einschlafen ließen. Die Stanwyck spricht über die Regieanstrengungen des gequälten Schauspielers liebenswürdig und erklärt: »Er versuchte sein Bestes. Als Darsteller mußte man sich nur noch mehr bemühen.« Ricardo Cortez, der neben ihr spielte, sagt über die Regie: »Es gab keine. Es war sehr schwierig.«

Miß Stanwyck spielte ein Tanzhallenmädchen, das weiß, wie man mit unangenehmen Kunden umgeht. »Was muß ein Kerl tun, um mit einem von euch Mädchen zu tanzen?« fragt ein äußerst unbequemer Bursche die aufgereihten Damen. Unsere Heldin kontert ruhig: »Alles, was du brauchst, ist eine Tanzkarte und etwas Mut.« Diese Art Erwiderung, mit kalter Selbstsicherheit ausgesprochen, ist für die Stanwyck dieser Depressionsjahre charakteristisch: Ein Mädchen, bei dem der Anstrich von Kultiviertheit nie völlig die Tatsache übertüncht, daß es weiß, wie man mit Männern umgeht – und wie man sie auf ihren Platz verweist, wenn es nötig ist.

In *Ten Cents a Dance* macht die Stanwyck den Fehler, einen schwächlichen Angestellten (Monroe Owsley) zu heiraten, dessen Spielleidenschaft ihn an die Kasse seines Chefs treibt, ihn zum Schuldner werden läßt und die Stanwyck zwingt, sich selbst zu kompromittieren, um ihn vor dem Gefängnis zu retten. Das alles ruiniert jedoch ihre Ehe, und der Film endet mit ihrer Scheidung und ihrer Absicht, den wohlhabenden Boß (Ricardo Cortez) ihres Ex-Mannes zu heiraten, ein unglaubwürdiges Ende, da er den ganzen Film hinter ihr her gewesen war – und die Stanwyck ihn nicht liebt.

Ten Cents a Dance wurde im Mai 1931 uraufgeführt, spielte viel Geld ein und brachte Barbara Stanwyck mehr Fans, obwohl einige Kritiker – seltsam genug – einige Vorbehalte gegen ihre Glaubhaftigkeit als Eintänzerin äußerten.

Wieder bei Warner schloß sich die Stanwyck für den ersten

›Night Nurse‹ (1931). Mit Clark Gable, Charlotte Merriam und Walter McGrail

von fünf Filmen mit dem Regisseur William A. Wellman zusammen, dessen Ruf als »Wild Bill« zu Recht bestand. *Night Nurse,* ihr erster gemeinsamer Film, war für 1931 ungewöhnlich. Es war im wesentlichen ein Melodram (auf Tatsachen basierend), das sich mit einer jungen Krankenschwester beschäftigt. Ihr erster Fall verstrickt sie mit einem drogensüchtigen Arzt, einer betrunkenen Mutter, einem mörderischen Chauffeur – und dem Plan, zwei kleine Kinder wegen ihrer Erbschaft zu töten. Irgendwie fand Regisseur Wellman zwischen all dieser Grimmigkeit einen Weg, Oliver H. P. Garretts Drehbuch mit genug frechem Humor und harter Action zu durchsetzen, um die Handlung nicht aus dem Rahmen fallen zu lassen.

Die Presse hatte Schwierigkeiten, diese Mischung zu akzeptieren, nannte sie unwahrscheinlich und übertrieben. Die Aufmerksamkeit der Kritiker richtete sich hauptsächlich auf Joan Blondells Darstellung einer witzigen Mitschwester und auf Clark Gables eindrucksvolle, grobschlächtige Unterstützung als sadistischer Chauffeur, der sogar die *Stanwyck* in einer Szene schlägt. Die Kritik in *Variety* klingt so, als ob sie sich von den vergangenen Arbeiten beeinflussen ließ: »Miß Stanwyck spielt ihren Typ Tanzhallenmädchen immer auf derselben Linie und scheut sich, ihn etwas zu nuancieren, um ihrer Darstellung ein wenig Farbe zu geben.«

Wieder bei der Columbia, machte die Stanwyck hintereinander zwei Filme mit Frank Capra. Der erste der beiden, *The Miracle Woman,* basierte auf dem Bühnenstück *Bless You, Sister* von 1927, in dem Alice Brady eine selbsternannte Erweckungspredigerin im Stil von Aimee Semple McPherson und ihrer Glaubenssekte dargestellt hatte. Capra stritt mit Harry Cohn, um das Stück für die Stanwyck zu kaufen, doch Cohn scheute den Gedanken an einen Film, der eine Satire über die Religion liefern sollte. Also milderte Capra die Satire; er schwächte auch die »verbrecherischen« Aspekte im Charakter seiner Hauptperson ab. Wieder legte ein solides Jo-Swerling-Drehbuch den Grundstein. Die Stanwyck spielte eine junge Frau, die über die Heuchelei in der Kirchengemeinde ihres geistlichen Vaters entsetzt ist. Als Handlangerin für einen Gangster (Sam Hardy) beginnt sie eine phänomenal erfolgreiche Karriere als Evangelistin, deren Radiopredigten das Leben eines blinden Fliegers (David Manners) verändern. Schließlich bringt seine Liebe sie dazu, den von ihr eingeschlagenen falschen Weg zu bereuen. Ihr unbarmherziger Gangsterkumpan versucht, sich zwischen die beiden zu stellen, und als er in ihrem Bethaus Feuer legt, wird sie von ihrem blinden Bewunderer gerettet, während der Schurke stirbt.

The Miracle Woman ist mit seiner Erforschung der religiösen Leidenschaft und Doppelzüngigkeit ein immer noch effektvoller und ungewöhnlicher Film. Capra füllt den Film mit fesselnden Szenen, einschließlich der Predigten der Heldin – sie benützt z. B. einen Löwenkäfig, um ihre Gemeinde zu überzeugen – und des feurigen Höhepunktes. Zu den besten Sequenzen in *The Miracle Woman* zählt die intime Geburtstagsparty, an der nur Barbara Stanwyck, David Manners und eine Bauchrednerpuppe teilnehmen, mit der er versucht, die Tiefe seiner Gefühle ihr gegenüber auszudrücken. Es ist eine zärtliche Szene, in der beide Schauspieler große Sensibilität entfalten.

Warner erklärte sich nun bereit, Miß Stanwyck 50.000 Dollar pro Film zu zahlen, da ihre Popularität an den Kinokassen zugenommen hatte. Als sie Henry Cohn fragte, ob er ihr für ihren nächsten Film bei Columbia, *Forbidden* (»Sehnsucht ohne Ende«), auch diesen Betrag zahlen würde, weigerte er sich. Sie kam nicht zur Arbeit, und Cohn ging vor Gericht. Obwohl Cohn den Prozeß gewann, zahlte er Miß Stanwyck schließlich doch die geforderte Summe.

Forbidden (»Sehnsucht ohne Ende«), ein Originaldrehbuch

›The Miracle Woman‹ (1931). Mit David Manners

Links: ›Forbidden‹ – ›Sehnsucht ohne Ende‹ (1932). Als Lulu Smith

Rechts: ›Shopworn‹ (1932). Mit Regis Toomey und Clara Blandick

von Capra mit »Verbesserungen« des zuverlässigen Jo Swerling, ist, nach eigenem Zugeständnis des Regisseurs, »eine zwei Stunden lange, kitschige, 99,44prozentige Soap Opera«, deren einzige Lichtblicke nur den drei Hauptdarstellern (Barbara Stanwyck, Adolphe Menjou und Ralph Bellamy) anzurechnen sind.

Anfang der dreißiger Jahre war der »Beicht«-Film beim weiblichen Publikum sehr beliebt, und Hollywoods Filme waren voll von unverheirateten Müttern, guten Mädchen, die auf die schiefe Bahn geraten waren, und Liebesaffären, die nie mit der Hochzeit der Heldin enden konnten. So schwamm *Forbidden* (»Sehnsucht ohne Ende«) genau im Fahrwasser von *Back Street*- und *Possessed*-ähnlichen Produktionen, die Schauspielerinnen wie Joan Crawford, Irene Dunne, Norma Shearer und Constance Bennett kräftig geholfen hatten.

Der Film beschreibt einige Jahre im Leben seiner Protagoni-

stin, einer Bibliothekarin (Stanwyck), die eine verbotene Affäre (und ein Baby) mit dem verheirateten Politiker Menjou hat. (Sie überläßt ihm das Kind, als er ihr versichert, daß es ein gutes Zuhause haben wird.) Schließlich heiratet sie den Zeitungsmann Bellamy, der dabei ist, einen Skandal zu entfachen, um den inzwischen zum Staatsanwalt aufgestiegenen Menjou zu diskreditieren. Um Menjous Ruf zu retten, erschießt die Stanwyck Bellamy in einer brillant inszenierten und gespielten Szene, bei der im Hintergrund ein Radio den Wahlsieg von Menjou bekanntgibt. Miß Stanwyck vernichtet nervös die Beweise ihres Verhältnisses und geht ins Gefängnis.

Shopworn (1932), ihr nächster Film bei Columbia, ist ein träger und kitschiger Programmfilm, der keinem der Beteiligten Ruhm einbrachte. Wieder ist es eine konstruierte Soap Opera, die sich dieses Mal mit einer Kleinstadtkellnerin beschäftigt, die als Schauspielerin berühmt wird. Auf dem Weg da-

›So Big‹ (1932). Mit Hardie Albright

hin hat sie eine stürmische Romanze mit einem jungen Medizinstudenten (Regis Toomey), dessen wohlhabende Mutter (Clara Blandick) eine Verbindung verhindert. Toomey wird ein erfolgreicher Chirurg, und nach ein paar weiteren Rückschlägen, die alle nicht besonders interessant sind, beweist Miß Stanwyck, daß ihre Liebe zu ihm echt ist.
Für die Rettung ihrer Karriere und ihres Selbstbewußtseins war Warners Auftrag, Edna Ferbers mutige Heldin Selina Peake in dem Remake von *So Big* (1932) zu spielen, von beträchtlicher Hilfe. Acht Jahre früher hatte dieser Stoff Colleen Moores Ruf als dramatische Schauspielerin gefestigt. Die Rolle verlangte von Barbara Stanwyck, die frustrierte Heldin von den Mädchenjahren bis ins hohe Alter darzustellen, die erst eine ergebene Hausfrau auf einer Farm im Mittelwesten wird, dann eine vornehme Witwe, die in der Schule unterrichtet und nur für ihren kleinen Jungen Dirk lebt, dem

sie rührselig den Spitznamen »So Big« gegeben hat. Der Junge wird zum Mann und eine schmerzliche Enttäuschung für seine Mutter, während ironischerweise Roelf, ein Farmerjunge aus der Nachbarschaft, ein großartiger Bildhauer wird und alle Ideale verkörpert, die Selina immer in ihren eigenen Sohn projiziert hat.
Die Pulitzerpreis-Story erhielt bei Warner erstklassige Produktionsmöglichkeiten. Regie führte William Wellman. Auf der Besetzungsliste standen George Brent (als der erwachsene Roelf), Hardie Albright und der kleine Dickie Moore (als Dirk in den verschiedenen Lebensabschnitten) und das studioeigene schlichte Mädchen Bette Davis als Künstlerin, die den erwachsenen Sohn liebt. Selina als Kind wurde von der jungen Dawn O'Day gespielt, die fünf Jahre später unter ihrem neuen Namen Anne Shirley in *Stella Dallas* (»Stella Dallas«) Barbara Stanwycks Tochter spielen sollte.
In gewissem Sinne ist *So Big* die *Stella Dallas* des Farmlandes, da das Thema »Mutterliebe und Aufopferung« den Herzen einer früheren Generation so naheging und die bodenständige Ehrlichkeit Miß Stanwycks sie für die Hauptrolle prädestinierte. Die Kritikergilde von 1932 reagierte auf den Film selbst allgemein reserviert – hauptsächlich wegen der Kürzungen, die erforderlich waren, um die Geschehnisse so vieler Jahre in nur 80 Minuten Filmzeit unterzubringen. Doch William Boehnel fand in *The New York World-Telegram,* daß Miß Stanwyck »eine gute und anrührende Darstellung liefert und eine Charakterstudie bietet, die die ganze Zeit direkt und ausdrucksvoll ist«.
Bei *The Purchase Price,* dem letzten der vier Stanwyck-Filme 1932, arbeitete sie wieder mit Wellman und war wieder einmal eine Farmersfrau, diesmal jedoch mit einer ganz anderen Vergangenheit und Natur als bei Selina Peake. Dieses Drehbuch von Robert Lord nach der Story *The Mudlark* von Arthur Stringer (während der Produktion rätselhafterweise *The Night Flower* betitelt) sah Barbara Stanwyck als Joan Gordon, eine schwer geschlagene Nachtclubsängerin aus Manhattan mit einer zweifelhaften Vergangenheit, die vor ihrem Gangster-Geliebten Ed (Lyle Talbot) zu den Weizenfeldern

North Dakotas flieht, um die Briefbraut des Farmers Jim Gilson (George Brent in einer uncharakteristischen Anstrengung, eine Gary-Cooper-Rolle zu spielen) zu werden. Sie werden sofort getraut, doch es scheint kaum Hoffnung zu geben, daß die Ehe vollzogen wird. Was sie schließlich doch zusammen bringt, nachdem Ed sie aufgestöbert hat und bei einem Saloon-Fight mit Jim in die Flucht geschlagen wird, ist ein Feuer, das ihre Ernte zu vernichten droht. Sie bekämpfen es Seite an Seite mit Leintüchern aus dem Haus, dämmen die Flammen ein und umarmen sich in der Schlußsequenz, die das unglaubwürdige Happy-End eines ungewöhnlich mageren Filmes signalisiert.
Wieder unterstreicht Wellmans Regie, wie schon in *Night Nurse,* kleine komische Szenen, die das grundlegende Melodram auflockern und von den Absurditäten der Handlung ablenken. Obwohl *The Purchase Price* eindeutig zu den weniger bedeutenden Filmen von Barbara Stanwyck zählt, zeigt er Anzeichen ihrer Anfangsentwicklung zu einer Star-Persönlichkeit.
Dieser selbstsichere, in der Haltung perfekte lange Schritt ist bereits auffallend, und Drehbuch und Regie bieten ihr bereits wenigstens eine dieser plötzlich hysterischen Szenen, die nur wenige spätere Stanwyck-Filme auszulassen scheinen. Nachdem Talbot sie bis nach Elk's Crossing, North Dakota, verfolgt hat und somit Ehemann Brent mit Stanwycks Vergangenheit konfrontiert, besteht Brent darauf, zu erfahren: »Wie viele andere gab es noch außer ihm?« Ohne Vorwarnung bricht sie in Raserei aus und brüllt zurück: »Hör auf, mich zu *quälen*!« Es kommt so unerwartet, daß es amüsant wirkt.
Es ist in der großen Feuerszene und auch bei der Saloonschlägerei offensichtlich, daß die Stanwyck die meisten ihrer Stunts selber macht. Sie hatte sich, als Fan von Pearl White und Ruth Roland, schon lange gewünscht, eine Schauspielerin zu sein, die mit körperlich gefährlichen Stunts Karriere machen würde. Diesem Traum kam sie mit ihrer Neigung am nächsten, viele ihrer Stunts selbst auszuführen, wobei sie oft ihre eigene Sicherheit riskierte, um die augenfällige Publi-

›The Purchase Price‹ (1932). Mit George Brent

kumstäuschung durch Doubles zu vermeiden. Und es gab einmal eine Zeit, in der die Stanwyck darauf bestand, daß das Studio einer kranken Stuntfrau den doppelten Lohn auszahlte, während sie den Stunt selbst ausführte!
Im Jahr 1932 fanden Barbara Stanwyck und Frank Fay – zusammen mit Hollywoods größten Namen – die Zeit, um in dem Kurzfilm *The Slippery Pearls* aufzutreten. Der Streifen drehte sich um den Diebstahl von Perlen, die Norma Shearer besaß, und gehörte zu der Filmserie des Masquers Club, bei der die Gagen an Hollywood-Stiftungen gingen.
Ihr nächster Film, *The Bitter Tea of General Yen* (1933), markierte das Ende der Verbindung zwischen Miß Stanwyck und Columbia zu einer Zeit, als dieses Studio sie zu seinen Spitzenstars des Jahres 1932 zählte. Der Film bot eine ungewöhnliche Geschichte einer sexuellen Anziehungskraft zwischen

›The Bitter Tea of General Yen‹ (1933). Mit Nils Asther und Toshia Mori

dem Fernen Osten und dem Westen und wurde von Frank Capra nach Edward Paramores Bearbeitung eines exotischen Romans gedreht. Barbara Stanwyck spielt Megan Davis, eine Amerikanerin im kriegszerrissenen Shanghai, die darauf besteht, ihren Verlobten, einen Missionarsarzt, in die Kampfzone zu begleiten, um in Gefahr geratene Waisenkinder zu retten. Ihr Auto wird von Soldaten angegriffen, sie wird durch einen Schlag bewußtlos und findet sich beim Aufwachen im Privatzug des machtvollen Kriegsherren mit Oxford-Ausbildung, General Yen (Nils Asther), auf dem Weg ins Landesinnere. In seiner Sommerresidenz wird sie eigentlich als Gefangene gehalten und von Yens wunderschöner Mätresse Mah-Li (Toshia Mori) bewacht, deren Leben Megan später rettet, indem sie bei Yen Fürsprache einlegt, als Mah-Li dabei erwischt wird, wie sie Geheimnisse an seine Feinde verrät.

Megan fühlt sich zugestandenermaßen zum General hingezogen, jedoch von seinen barbarischen Methoden (ihr gegenüber) abgestoßen. Später, als Mah-Lis letzter Verrat den Verlust all seiner Truppen und seiner Macht verursacht, wird Megan von Sympathie für ihn überwältigt. Sie kleidet sich in eine orientalische Tracht, um ihn zu erfreuen, merkt aber nicht, daß Yen dabei ist, sich selbst zu vergiften. Als sie ihm ihre Liebe gesteht, auf die Knie sinkt, um mit Tränen in den Augen seine Hand zu küssen, trinkt er die verhängnisvolle Tasse Tee. Am Ende des Films segelt Megan zusammen mit Yens früherem Ratgeber (Walter Connolly) zurück zu ihrem Volk, während er zu ihr sagt: »Ich wette, ihre Woche in China kommt ihnen wie ein ganzes Leben vor.« Und Megan kann nur über das Wasser starren.

›The Bitter Tea of General Yen‹ (1933). Mit Nils Asther

The Bitter Tea of General Yen liegt nicht ganz auf Capras normaler Linie zu diesem Zeitpunkt seiner Karriere, doch er greift häufig auf das exotische Milieu und den Mystizismus seines *Lost Horizon* (»In den Fesseln von Shangri-La«) von 1937 vor. Man kann auch nicht den offensichtlichen Einfluß Josef von Sternbergs ignorieren, dessen *Shanghai Express* ein Jahr früher herausgekommen war.
Capra unterstreicht in einer außergewöhnlichen Traumsequenz die verborgene sexuelle Anziehungskraft, die ihr attraktiver Kidnapper auf Megan ausübt. Sie sitzt an einem milden Abend auf der Terrasse vor ihrem Zimmer und döst vor sich hin. In ihrer Fantasie stellt sie sich einen orientalischen Schurken vor, der Yen ähnelt und ihre Tür lüstern eintritt. Als die Türfüllung splittert und die Tür auffliegt, sieht sie sich einer schrecklichen Kreatur gegenüber, deren scharfe spitze Ohren und krallengleiche Nägel sie einschüchtern. Doch dann wird sie aus dieser Situation, die schlimmer als der Tod ist, von einem weißgekleideten Helden gerettet, dessen schwarze Maske abfällt und einen *freundlich* aussehenden General Yen enthüllt, der sie in die Arme nimmt. Als sie sich küssen, befindet sich Megan eindeutig in Ekstase. Sie wacht auf und ist vom tieferen Sinn ihres Traumes ziemlich erschüttert.
Joseph Walkers Ausleuchtung und Fotografie tragen wesentlich zum Erfolg dieses üppigen Melodrams bei. Miß Stanwycks oft unvorteilhafte Frisuren (entweder zerzaust oder überordentlich) werden von seiner Kunstfertigkeit gemildert, was Walter Wangers feiner Produktion einen Hauch von Schönheit und Fülle gibt, obwohl wir tatsächlich nie das Ausmaß der Herrlichkeit zu sehen bekommen, die Yens Palast sicherlich enthält.
Wenn sich auch viele Stanwyck-Fans gegen die Idee sträubten, ihr Star würde sich in einen Orientalen verlieben, so strahlte Nils Asther als General Yen genug Sex-Appeal aus, um sogar die Skeptiker davon zu überzeugen, daß es möglich war. Für Barbara Stanwyck bot *The Bitter Tea of General Yen* 1933 einen faszinierenden Rollenfachwechsel, weg von den Arbeitermädchen der Seifenopern, in denen sie sich so uner-

›Ladies They Talk About‹ (1933). Mit Dorothy Burgess

schütterlich abgerackert hatte. Es war außerdem der Film, der für die Eröffnung von New York Citys berühmter Radio City Music Hall am 11. Januar 1933 ausgewählt wurde. Frank Capra hat diesen Film als »Kunst mit einem großen K« charakterisiert, und vielleicht war er um seiner selbst willen zu künstlerisch, denn er verlor Geld. In Großbritannien wurde er vollkommen verboten und seine Liebesaffäre zwischen verschiedenen Rassen offenbar als unkultiviert verurteilt.
Barbara Stanwyck war nun aller Verpflichtungen gegenüber Columbia ledig und nahm ihre Arbeit an der gnadenlosen Warner-Kost aus Warner Programmdramen und Melodramen wieder auf, wobei sie sogar ihre widerspenstigere Studiokollegin Ann Dvorak ausstach.
Für die Stanwyck waren die hartgesottenen *Ladies They Talk About* mit ihren witzigen Lebedamen und flotten Dialogen meilenweit von Frank Capras China entfernt. Dank der Vitalität, die sie ihrer schnippischen Bankräuberin verlieh, fällt

diese lächerliche Geschichte über ein schlechtes Mädchen und einen Reformer (Preston Foster), die zusammen ihre Kindheit verbracht hatten und deren Liebe schließlich über ihre Gesetzlosigkeit triumphiert, so unsinnig belustigend aus wie der Anblick der Frauenabteilung von San Quentin, die eher an den Schülerinnenschlafsaal in einem College erinnert. Und nachdem Lillian Roth eine der Insassinnen spielte, hält die Handlung sogar an einer Stelle an, um eine gut vorgetragene Gesangsnummer einzubauen – im Gefängnis! Neben einigen effektvollen Schauspielerleistungen durch so verläßliche Mimen wie Maude Eburne, Ruth Donnelly und Cecil Cunningham bringt der Film nur dann Gutes, wenn sein Dialog Vergnügen provoziert, ob beabsichtigt oder nicht, das sei dahingestellt. Die beiden Regisseure William Keighley (Dialogszenen) und Howard Bretherton (Actionsequenzen) hielten die Dinge in Bewegung, und die Besetzung machte so konzentriert mit, daß dieser 67minütige Film in 24 Tagen abgedreht war, eine kurze Drehzeit sogar für die Wurstfabrik-Methoden von Warner in den frühen Dreißigern.
Das Studio teilte nun die Stanwyck einer urwüchsigen »Von-Lumpen-zu-Reichtum«-Geschichte zu und besetzte sie als eine attraktive Dirne, die gefühllose Affären mit Männern als Sprungbrett zum Erfolg benützt. Obwohl sich die Schauspielerin nichts aus der Geschichte machte, wurde sie dazu überredet, *Baby Face* allein zur Entfaltung eines neuen und glitzernderen Images zu drehen. Und so spielt die Stanwyck die »goldsuchende« Lily Powers in auffallender Orry-Kelly-Garderobe, die mit Pelzen, Juwelen, Schleifen und Krausen übersät ist und von einer Kollektion an blonden Perücken gekrönt wird, die dem Stil von 1933 entsprach.
Lily ist von Anfang an eindeutig ein hartgesottener Tramp. Wir sehen sie, als sie mürrisch die Gäste in der Industriestadt-Flüsterkneipe ihres widerlichen Vaters bedient und die Annäherungsversuche eines lüsternen Politikers abwehrt. Als ihr Vater stirbt, springt sie auf einen Güterzug nach New York, wo sie keine Zeit verliert und sich einen Job bei einer Bank angelt (»Haben Sie irgendwelche Erfahrungen?« »Reichlich!«). Von da an macht sie bei Männern ständig

›Baby Face‹ (1933). Als Lily Powers

Fortschritte und bekommt immer wichtigere Jobs, während die Filmmusik den »St. Louis Blues« stöhnt und die Kamera wiederholt unsere Aufmerksamkeit aufwärts, zu immer höher gelegenen Etagen derselben Firma lenkt. Miß Stanwyck spielt diese Szenen gekonnt mit einer komplexen Mischung aus List und großäugiger Unschuld, gepaart mit einer augenscheinlichen Leichtigkeit bei der Manipulierung von leichtgläubigen Männern, was beim Zusehen sehr unterhaltend wirkt. Sie nimmt eine Hürde nach der anderen, zieht von Mr. Brody (Douglas Dumbrille) zu Mr. Stevens (Donald Cook), trotz der Tatsache, daß Stevens mit der Tochter des Bankpräsidenten (Margaret Lindsay) verlobt ist. Natürlich wird sie schließlich Carters Geliebte und läßt sich gemütlich im Penthouse des Geschäftsführers nieder.

Doch die Handlung ist mit vielen Wendungen versehen, *Baby Face* macht eine abrupte Kehrtwendung, als der sitzenge-

›Baby Face‹ (1933). Mit Robert Barrat (im Hintergrund stehend) und Nat Pendleton

lassene Stevens Lilys Arrangement mit Carter (Henry Kolker) zerstört, indem er seinen Boß und sich selbst erschießt. »DOPPELTRAGÖDIE IN LIEBESNEST!« schreibt eine Schlagzeile, und Lily wird vor einen Bankausschuß gerufen, um eine Abfindung zu erhalten, die sie davon abhalten soll, all die schmutzigen Einzelheiten an eine Zeitung zu verraten. Lily verlangt 15.000 Dollar und liefert ihre beste Rolle als Benachteiligte: »Ich war ein Opfer der Umstände. Keiner wird jemals *erfahren,* was ich alles durchgemacht habe. Alles, was ich will, ist eine Chance, mir meinen Lebensunterhalt auf ehrliche Art zu verdienen.«

Das erreicht sie, als der neue Bankpräsident Trenholm (George Brent) ihr eine Stelle in der Pariser Zweigstelle vermittelt, wo sie ein neues Leben beginnen kann. »Sie werden Paris lieben«, versichert er ihr. »Im Frühling ist es herrlich.«

Vor Frustration finster aussehend, entgegnet sie scharf: »Ja? Sie denken wohl an *alles,* was?«
Als letzte Plotwendung liefert uns das Drehbuch von Gene Markey und Kathryn Scola Lilys schließliche Rehabilitierung durch Trenholm. Am Ende verliert er sein Vermögen und seine Arbeit – und beinahe auch Lily, doch sie bessert sich rechtzeitig und bringt ihn ins Krankenhaus, nachdem er versucht hatte, Selbstmord zu begehen. In der Ausblendung lesen die Mitglieder des Bankvorstandes einen Brief, der ihnen (und uns) mitteilt: »Er arbeitet in einem der Stahlwerke in Pittsburgh. Sie gestalten ihr Glück gemeinsam.« Ein Bild, das wir gerne gesehen hätten!
Baby Face wurde von Alfred E. Green in lebhaftem Tempo inszeniert und ist ein Schlüsselfilm der frühen Karriere der Stanwyck, da er ihr die erste große Chance in einer wichtigen Rolle als »schlechtes Mädchen« bietet und deutlich ihre Phyllis Dietrichson in *Double Indemnity* (»Frau ohne Gewissen«) vorwegnimmt. Der Film ist eindeutig nicht viel wert, doch die Stanwyck gibt alles, was sie hat, und es ist faszinierend, sie bei ihrer verschlagenen Darstellung zu beobachten, wenn sie ein ganzes Spektrum an gemeinen Tricks anwendet, um das zu bekommen, was sie will. Die Schauspielerin wird nicht nur von Kostüm und Maske hervorragend bedient, sie wird auch von James Van Trees mit großer Sorgfalt fotografiert. Er geht mit seinem Können sehr weit, um das Publikum davon zu überzeugen, daß diese Dame das gewisse Etwas hat, das Männer dahinschmelzen läßt.
Viele Zeitungen waren von dem Film und von Miß Stanwycks Charakterisierung entweder schockiert oder bestürzt. *Variety* nannte es »blau und sonst gar nichts«, und berichtete: »Dies ist angeblich ein Remake der ersten Fassung, die man als zu gewagt betrachtet hatte.«
Im Laufe der Jahre hat es der Stanwyck am meisten Spaß gemacht, ehrliche und aufrichtige Rollen zu verkörpern, mit denen sie sich leicht identifizieren konnte. In ihrem nächsten Film für Warner, *Ever in My Heart* (»Ihre letzte Nacht«, 1933) erhielt sie so eine Rolle. Es ist ein ziemlich konstruiertes Melodram über einen deutschen Professor (Otto Kru-

›Ever in My Heart‹ – ›Ihre letzte Nacht‹ (1933). Mit Otto Kruger

ger), der 1909 in die Vereinigten Staaten kommt und eine Amerikanerin (Stanwyck) heiratet. Während die Jahre vergehen, wird er ein hingebungsvoller Vater, ein vorbildlicher Staatsbürger und ein beliebtes Mitglied der Gemeinde – bis zum Ersten Weltkrieg, als er ein Opfer der Vorurteile wird.

Er verliert seine Arbeit und schickt schließlich seine Frau nach dem Tod ihres kleinen Sohnes zu ihrer Familie zurück, um sie vor einer Verbannung aus der Gesellschaft zu bewahren, während er heldenhaft nach Deutschland zurückkehrt, da »man mir nicht erlaubt, ein Amerikaner zu sein«.
Später arbeitet die Frau in Frankreich in einer Kantine, wo sie, durch reinen Hollywood-Zufall, ihren geschiedenen Mann als Spion wiederfindet, der das Leben aller in ihrer Division bedroht. Sie entdeckt, daß er ihr immer noch zuviel bedeutet, um ihn auszuliefern, und läßt ihn entkommen. Doch er versteckt sich in ihrem Zimmer, und sie verbringen die Nacht gemeinsam – ihre letzte, denn sie beschließt, daß es keine andere Möglichkeit gibt, als den Wein zu vergiften, mit dem sie sich vor ihrer Trennung ein letztes Mal zutrinken.
Die Handlung mag weit hergeholt sein, doch bringen es Miß Stanwyck und Otto Kruger mit der Hilfe einer exzellenten Besetzung und Archie Mayos einfühlsamer Regie fertig, sie ziemlich überzeugend wirken zu lassen. Bertram Milhauser, der hier eine Story bearbeitete, die er zusammen mit Beulah Marie Dix geschrieben hatte, gab dieser melancholischen Geschichte Kraft und Aufrichtigkeit, wie auch eine kräftige Dosis germanischer Empfindsamkeit. Erstaunlicherweise funktionieren die meisten Gefühlsregungen. Zu den denkwürdigsten Szenen gehört die, in der der kleine Sohn des Paares stirbt. Das Kind liegt krank darnieder, Kruger löst die erschöpfte Stanwyck bei der Wache ab, damit sie sich im angrenzenden Schlafzimmer hinlegen und ausruhen kann. Als sie die Augen schließt, singt er dem Jungen die deutsche Melodie leise vor, die im Film immer wieder auftaucht »Du, du liegst mir im Herzen.« Doch dann bricht er ab, und die Kamera verweilt auf Miß Stanwycks Gesicht, als sie allmählich begreift, was geschehen ist. Langsam öffnen sich ihre Augen, sie erhebt sich und geht zur Verbindungstür und findet Kruger, der still über dem toten Kind weint. Mit einem kaum unterdrückten Aufschrei schlägt sie die Hände voller Entsetzen vors Gesicht. Es ist eine wunderschöne, herzzerbrechende Szene.
Die neo-klassizistische Sterbeszene der beiden Stars ist be-

sonders bewegend. Der Morgen graut und Kruger weiß, daß er gehen muß, doch Miß Stanwyck hält ihn zurück, damit er mit ihr noch ein Glas Wein trinke. »Du siehst blaß aus, Liebling«, bemerkt er, und sie antwortet: »Es ist gar nichts – nur diese fürchterliche Nacht.« Sie prosten sich zu wie beim Brüderschafttrinken. Während sie trinken und Erinnerungen austauschen, sitzt sie nahe bei ihm. Er stirbt zuerst, und als sie auf ihn herabblickt, murmelt sie die Worte ihres Liedes. Barbara Stanwyck schafft es, sich so sehr mit den Gefühlen dieser Sequenz zu identifizieren, daß sie ihr *Publikum* erkennen läßt, wie sie diese Art des Todes empfindet. Es ist ein seltener und ergreifender Kontrast zu den vorherigen Filmen des Stars und ein ungewöhnliches Thema für ein Hollywoodstudio, wenn man bedenkt, was 1933 in Deutschland passierte. Die Kritik der *New York Times* war unbeabsichtigt ironisch und lobte die »warme und intelligente Schauspielkunst« beider Stars, während sie abschließend bemerkte, »doch die Tragödie ist für diese neue Generation bedeutungslos«.

Nach der Fertigstellung von *Ever in My Heart* (»Ihre letzte Nacht«) finanzierte die Stanwyck eine Bühnenmusicalrevue mit dem Titel *Tattle Tales,* die von Frank Fay in Kalifornien zusammengestellt wurde und mit der sie durch die Staaten zogen. Am 1. Juni 1933 hatte die Show im Broadhurst-Theater in New York Premiere, unter geringem Beifall von der Kritik. Burns Mantle berichtete in der *New York Daily News,* daß die Stanwyck nicht viel mehr zu tun hatte, als Szenen aus *Ladies of Leisure* (»Luxusfrauen«) und *The Miracle Woman* anzusagen. In seinem Abschnitt über den zweiten Film bemerkte er, daß »ihr jemand gesagt hatte, daß kraftvolles Schauspiel hauptsächlich eine Sache von Hysterie und starken Lungen« sei. Mantle notierte, Frank Fay habe sich selbst gestattet, »körperlich zu schwammig zu werden, um seiner Kunst noch etwas Gutes geben zu können«. *Tattle Tales* schloß nach 28 Vorstellungen und kostete Barbara Stanwyck angeblich 125.000 Dollar.

Wieder in Kalifornien erneuerte Frank Fay seine Freundschaft mit der Flasche, und Barbara Stanwyck kehrte für

›Gambling Lady‹ (1934). Mit Joel McCrea

Gambling Lady (1934) wieder in ihr Studio zurück. Es ist ein melodramatisches Rührstück, in dem sie eine professionelle Pokerspielerin darstellt, die in die Gesellschaft einheiratet (Joel McCrea), doch in den Mord an einem alten Buchmacher und Freund (Pat O'Brien) verstrickt und von einer Femme fatale (Claire Dodd) erpreßt wird, bevor der Film zu einem Happy-End gelangt.

Wieder führte Archie Mayo Regie und leitete sie durch einige lebendige Szenen mit flotten Dialogen. »Ich würde gerne einmal mit Ihnen Cœur spielen«, bemerkt ein bezauberter Joel McCrea, kurz nachdem sie sich kennengelernt haben. »Das habe ich mir doch fast gedacht!« gibt Barbara in dieser rauhen, aber nicht unfreundlichen Art zurück, die sie zu dieser Zeit beinahe perfektioniert hatte. *Gambling Lady* bietet der Stanwyck jedoch an schauspielerischen Herausforderungen wenig – mit Ausnahme der Szene mit Joel McCrea auf dem Höhepunkt des Films. Claire Dodd erpreßt sie dazu, sich von McCrea scheiden zu lassen (es war für die Stanwyck der einzige Weg, um ihm ein Alibi für den Abend von O'Briens Tod zu verschaffen), und sie steht ihm im Gerichtssaal gegenüber, kurz nachdem ihre Scheidung ausgesprochen worden war. Er übergibt ihr den Scheck ihrer Unterhaltszahlung und sie versichert ihm, ja, das sei alles gewesen, was sie von ihm wollte – sein Geld. Er ist verbittert. Ihr Herz ist gebrochen, doch sie muß es unter Lügen verbergen. In einer Rede, die ihn davon überzeugen soll, daß sie nichts mehr für ihn empfindet, bietet die Stanwyck, in einem einzigen Take, eine wundervoll kontrollierte Denunziation, bei der sie lacht, während ihre feuchten Augen das einzige Zeichen ihrer inneren Gebrochenheit vermitteln. Die Kamera hält sie in einer Großaufnahme, während sie McCrea anschnauzt und dann schnell in das angrenzende Zimmer verschwindet, wo sie unter Tränen gegen die geschlossene Tür fällt. Als sie McCreas Scheck zerreißt und weggeht, bemerkt sie seinen klugen alten Vater (C. Aubrey Smith) nicht, der alles beobachtet hat. Das führt natürlich zur Entlarvung von Claire Dodds Doppelzüngigkeit – und zu einem Happy-End.

Nach *Gambling Lady* spielte Miß Stanwyck *A Lost Lady.* (Tatsächlich hat sie in nicht weniger als neun Filmen mitgewirkt, die in ihren Titeln das Wort »Lady« in den verschiedensten Kombinationen enthielten.) Diese Version von Willa Cathers klassischem Roman von 1923 zeigte so wenig Ähnlichkeit mit ihrer Originalstory, daß Miß Cather nie wieder mit Hollywood zusammenarbeitete und sogar in ihr Testament eine Klausel einbaute, die zukünftige Theater- oder Filmbearbeitungen ihrer Romane verbot. Die Kritiker schienen sich in ihrem Gefühl einig, daß niemand den Unterschied zwischen diesem und dem üblichen Programmfilm Hollywoods gemerkt hätte, wäre nicht der Titel und Willa Cathers Name im Vorspann gewesen.

Die Stummfilmversion von Warner hatte 1924 Irene Rich ein Vehikel geliefert, das dem Original von Miß Cather doch etwas näher gekommen war. Als eine Studie über die Probleme einer jungen Frau (Stanwyck), die mit einem ältlichen Anwalt (Frank Morgan) verheiratet ist, jedoch einen anderen (Ricardo Cortez) liebt, bot die Version von 1934 kaum mehr als ein Schaufenster für endlose Orry-Kelly-Kreationen, die die Stanwyck in einem Stil vorführte, der eher zu Joan Crawford paßte.

Ihre folgende Rolle in *Concealment,* der kurz vor seiner Premiere Anfang 1935 in *The Secret Bride* umgetitelt wurde, war noch bedeutungsloser. Hier spielt sie eine Gouverneurstochter, die heimlich mit dem Kronanwalt (Warren William) verheiratet ist und in einen Mord verstrickt wird. *The New York Times* bezeichnete den Film als »Routine« und fügte hinzu, er »versucht mit nur minimalem Erfolg, seine Schwächen mit dem Ungestüm seines Tempos zu übertünchen«. Orry-Kelly hielt hier Miß Stanwycks Kleidung, in einem offensichtlichen

›A Lost Lady‹ (1934). Als Marian Ormsby

Anfall von untypischer Einfachheit, so eintönig wie ihre Frisur. Regisseur William Dieterle nennt *The Secret Bride* »den Film, an den ich nicht mehr denken will«.
Barbara Stanwyck behielt ihren arbeitsreichen Drehplan bei und ging als nächstes zu Regisseur Robert Floreys *The Woman in Red,* einer Mordgeschichte in der gehobeneren Gesellschaftsschicht, die auf Wallace Irwins Roman *North Shore* basierte. Sie spielte die Reiterin Shelby Barret, ein Mädchen mit gewöhnlicher Vergangenheit, die den blaublütigen Johnny Wyatt (Gene Raymond) heiratet und gegen Snobismus, Verleumdung und den Verlust ihres guten Rufes ankämpfen muß, als sie in Zusammenhang mit einem Mord gebracht wird, der nach Ehebruch riecht.

›The Secret Bride‹ (1935). Mit Warren William

›The Woman in Red‹ (1935). Mit Gene Raymond

The Woman in Red ist ein mäßig interessantes Gesellschaftsdrama, in dem eine gute Besetzung, unter anderen John Eldredge, Genevieve Tobin und Phillip Reed, befriedigend spielt. Miß Stanwyck hat einige effektvolle Augenblicke, als sie sich gegen den Snobismus der reichen Long Islander auflehnt, doch der Film ist nur ein weiterer in der langen Reihe von Stanwyck-Vehikeln, die dazu ausersehen waren, ein Teil eines Doppelprogramms zu werden. Wenn sich die Schauspielerin zu diesem Zeitpunkt gegenüber den Regisseuren von Filmen, die sie nicht besonders interessierten, kooperativ zeigte, so doch zweifellos deswegen, weil sie unbedingt ihren Vertrag mit Warner erfüllen wollte, um dann frei zu sein. Mit *The Woman in Red* erreichte sie dieses Ziel.
Barbara Stanwyck entschloß sich nun, Studioverträge zu ver-

meiden und statt dessen unabhängig zu bleiben. Es dauerte allerdings fast sechs Monate, bis sie das Angebot von Produzent Edward Small akzeptierte, in *Red Salute* (»Mädchen von heute«, 1935) aufzutreten, einer unabhängigen Produktion, die von United Artists verliehen werden sollte. Dieses Drehbuch von Humphrey Pearson und Manuel Seff war eine merkwürdige romantische Komödie, die die unterschiedlichen Welten von Screwball-Farce und radikaler Politik in einem solchen Ausmaß mixte, daß André Sennwald in *The New York Times* folgendes schreiben mußte: »Der Film bringt mit dem Zartgefühl einer Dampfwalze und der satirischen Finesse eines Lynchmobs eine Ansammlung des befremdlichsten Chauvinismus des Jahrzehnts.«

Für die Stanwyck bot diese zweitklassige Geschichte wenigstens eine deutliche Rollenfachänderung, da sie ein rebellisches College-Girl spielte, die Tochter eines US-Generals (Purnell Pratt), die durch ihre Liebe zu einem radikalen Studenten (Hardie Albright, der drei Jahre früher ihren *Sohn* gespielt hatte!) Schande über ihren Vater bringt. Um seine Tochter von diesen unbequemen kommunistischen Einflüssen zu trennen, läßt der General sie kidnappen und nach Mexiko bringen, damit sie sich beruhige. Dort betrinkt sie sich zusammen mit einem amerikanischen Soldaten (Robert Young), der unbeabsichtigt desertiert. Sie fliehen in einem gestohlenen Wagen quer durchs Land und fechten einen ununterbrochenen politischen Kampf aus, der sich unvermeidlich zu einer Romanze entwickelt.

Sidney Lanfield, der in seiner 22jährigen Hollywoodkarriere viele 08/15-Komödien inszenierte, führte Robert Young und Barbara Stanwyck durch diese weniger gelungene Variation von *It Happened One Night* (»Es geschah in einer Nacht«) mit soviel Anstand wie nur möglich. Einige Dialogstellen sind beißend und scharf – besonders Stanwycks Zeilen –, doch im großen und ganzen bleibt diese Komödie eine merkwürdige Hybride. Vielleicht wurden einige Verleiher von dem Wort »rot« im Titel abgeschreckt: Spätere Wiederaufführungen und Fernsehausstrahlungen haben ihn unter Neuschöpfungen wie *Runaway Daughter* und *Her Enlisted Man* versteckt, und in Großbritannien wurde er *Arms and the Girl* betitelt. Barbara Stanwycks Unabhängigkeit brachte sie als nächstes zu RKO und, zum Glück für ihre Zukunft, zu einem erstklassigen Film mit einem Regisseur, der zu Hollywoods besten zählte – George Stevens. Stevens hatte gerade seine Arbeit an einer hervorragenden Adaptation von Booth Tarkingtons *Alice Adams* mit Katherine Hepburn abgeschlossen, und Barbara Stanwyck war von der Idee begeistert, Amerikas berühmte Meisterschützin aus dem neunzehnten Jahrhundert zu spielen – *Annie Oakley.* Diese Produktion von 1935 war ihr erster Western (ein Genre, bei dem der Star in späteren Jahren viel persönliche Befriedigung finden sollte) und sah als weitere Hauptdarsteller Preston Foster und Melvyn Douglas. Es war eine farbenfrohe Mischung aus Humor, Action und romantischem Zeitgeist, die Stevens in einem eindringlichen Tempo ablaufen ließ.

›Red Salute‹ – ›Mädchen von heute‹ (1935). Mit Robert Young

Miß Stanwyck erreicht als hinterwäldlerisches Mädchen aus Ohio, dessen Ruf als Meisterschützin sie bald in Konkurrenz mit dem männlichen Star (Foster) von Buffalo Bills Wildwest-Show bringt, eine hübsche Mischung aus scheuer Würde, Aufrichtigkeit und ländlich guter Laune. Für Stevens war es ein weiterer Film, auf den er stolz sein konnte, doch für die Stanwyck war es ein Meilenstein. »Bei weitem die beste Darstellung ihrer Karriere«, verkündete das *New York World-Telegram,* während die konservativere *New York Times* Barbara Stanwycks Annie Oakley einfach als »ihre eindrucksvollste Leistung seit langer Zeit« qualifizierte.
Wenn Miß Stanwycks Karriere sich nun auch aus der Niedergeschlagenheit erhoben hatte, so hatte sich ihre Ehe mit Frank Fay von schlecht zu schlimm entwickelt, unterstrichen von bitteren und heftigen Streitereien, die immer häufiger

›Annie Oakley‹ (1935). Mit Melvyn Douglas und Margaret Armstrong

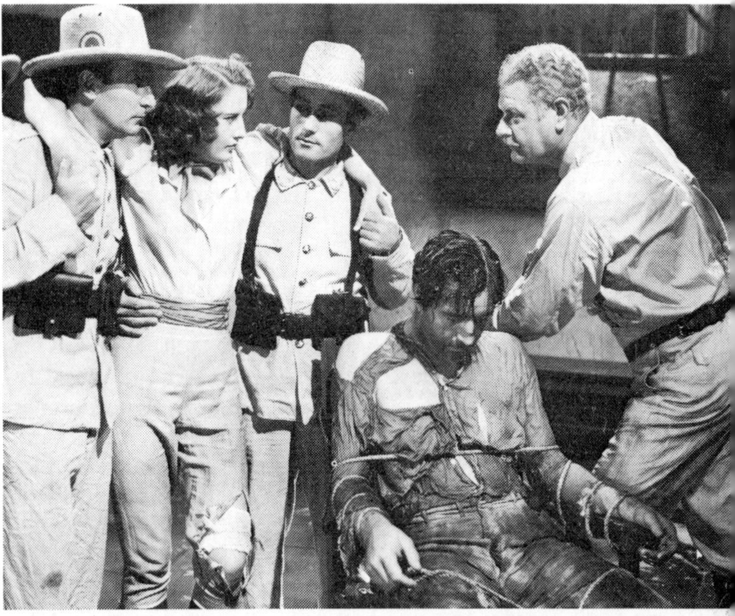

›A Message to Garcia‹ – ›Die Botschaft an Garcia‹ (1936). Mit John Boles (sitzend) und Alan Hale (rechts)

wurden. Sie hatte das Unrettbare zu retten versucht, doch kurz vor ihrem siebten Hochzeitstag zog die Stanwyck aus ihrem Haus in Brentwood aus und verkündete die Absicht, die Scheidung einzureichen. Ende 1935, gleichzeitig mit der Premiere von *Annie Oakley,* hatte sie ihre Scheidungsklage gewonnen wie auch das Sorgerecht für Dion, obwohl sich die erbitterten Gerichtsgefechte um den Jungen – der als Adoptionsfall dem Sozialgericht unterstand – noch einige Jahre hinziehen sollten.

Die Darstellung Annie Oakleys als mutige Konkurrentin in einer Männerwelt brachte der Stanwyck nun das Angebot, bei 20th Century-Fox *A Message to Garcia* (»Die Botschaft an Garcia«) zu drehen. Diesmal mußte sie sich jedoch mit ihrer Namensnennung hinter Wallace Beery, einem länger bekannten Star, begnügen. Es war der erste von vier nicht so guten Filmen, die die Stanwyck bei Fox machen sollte. Dazwischen arbeitete sie unter einem neuen RKO-Kontrakt (das Ergebnis ihres Erfolges in *Annie Oakley)* und bei anderen Studios in einigen sehr bedeutenden unabhängigen Produktionen.

A Message to Garcia (»Die Botschaft an Garcia«) wurde von der Kritik wegen der ungeheuren Dreistigkeit verdammt, mit der die Drehbuchautoren W. P. Lipscomb und Gene Fowler die Geschichte umgeformt hatten, um diese auf Tatsachen basierende Story über einen amerikanischen Soldaten (John Boles) und seine gefährliche Mission in Kuba während des spanisch-amerikanischen Krieges zu erzählen. Einige Kritiker fanden den Film besonders wegen der Art und Weise anstößig, in der Fox die Wahrheit miteinbezog. Und die meisten beschlossen, ihn als triviales Melodram über die Eskapaden eines Geheimagenten mit Spionen, einer hübschen Señorita (Stanwyck) und einem unzuverlässigen Glücksritter (Beery) abzutun, auch wenn die Studiodschungel ganz realistisch wirkten.

Boles und Beery waren gut besetzt, doch die Stanwyck war es als Tochter eines kubanischen Adligen nicht. Einige Kritiker beschwerten sich über das Fehlen eines lateinamerikanischen Akzents, während sich andere über ihre nach Brooklyn klingenden Töne mokierten. Und so faßte es die *New York Post* zusammen: »Für Miß Stanwyck gibt es kaum etwas zu tun – doch sie wurde attraktiv fotografiert, und sie ist ein guter Kamerad und hält sich im Hintergrund, wenn der Scheinwerfer nicht gerade auf sie gerichtet ist.«

Wieder bei RKO, wurde die Stanwyck in *The Bride Walks Out* (1936) neben Gene Raymond etwas glücklicher besetzt. Es war eine Komödie über die Anstrengungen eines jungen Paares, sich mit seinem Ingenieursgehalt von 35 Dollar die Woche über Wasser zu halten. Da die Ehefrau vor der Heirat ein 50-Dollar-pro-Woche Modell gewesen ist (für den lieben Ehemann gibt sie alles auf und widmet sich der Hausarbeit), strapaziert ihr anerzogener Geschmack die neue Haushaltskasse erheblich und ruft damit den unnachahmlichen Billy Gilbert als Eintreiber eines Kreditmöbelgeschäftes auf den

Plan. Weitere Komplikationen tauchen in der Person des trinkfreudigen Playboys Robert Young auf. Seine Gegenwart erweckt bei der Frau nicht nur den Wunsch, sich scheiden zu lassen, sie bietet der Stanwyck auch die Gelegenheit für eine gut gespielte Betrunkenenszene. Komödienspezialist Leigh Jason führte bei *The Bride Walks Out* Regie, doch der Film ist kaum mehr als ein vergnüglicher Pfusch, der von seinem Publikum erwartet, daß es die Wiedervereinigung eines Paares akzeptiert, dessen Geschmack kaum das bescheidene Budget des Brotverdieners aushalten wird.
Seit einiger Zeit war der Name Barbara Stanwycks in den Klatschkolumnen und Fan-Magazinen mit Robert Taylor in Verbindung gebracht worden, den sie im Haus ihrer Freunde Zeppo und Marian Marx kennengelernt hatte. (Stanwyck und Marx züchteten unter dem verbundenen Namen »Mar-Wyck« als Partner Rennpferde.) Taylors Studio, MGM, wollte sich die Gelegenheit nicht entgehen lassen und beauf-

›The Bride Walks Out‹ (1936). Mit Wade Boteler, Ned Sparks und Gene Raymond

tragte Leon Gordon und John Meehan, für das Paar einen angemessenen Stoff zu schreiben, den sie *His Brother's Wife* (»Zwischen Haß und Liebe«) nannten. W. S. Van Dyke, der kurz zuvor Filme wie *Rose Marie* und *San Francisco* für MGM gedreht hatte, inszenierte diese ziemlich konstruierte Dreiecksgeschichte, die sicher alle Fans von Barbara Stanwyck und Robert Taylor begeistern würde. Hier spielt die Stanwyck ein Modell, das sich in einen wankelmütigen Playboy-Wissenschaftler (Taylor) verliebt, der sie unerklärlicherweise abweist und in den üppigen Studiodschungel MGMs zieht, um – wenn Sie das glauben können – die Ursache und die Heilung von Fleckfieber zu finden! Seine Zurückweisung treibt die Stanwyck zu einer gemeinen Rache. Zuerst heiratet sie seinen Bruder (John Eldredge), rechtfertigt somit den Filmtitel, dann macht sie einen plötzlichen Sinneswandel durch und injiziert sich selbst den Fiebervirus. (»Rita! Hast du diesen Virus absichtlich in deine Venen injiziert?«) Natürlich stirbt Rita fast, bevor sie mit dem Serum gerettet wird, das unser Held schicklicherweise entdeckt hat.
Der Pflug und die Sterne, Sean O'Caseys kraftvolles Drama über persönliche Konflikte vor dem Hintergrund der Osterrevolution 1916, war ein Lieblingsprojekt von Regisseur John Ford, für das er am liebsten seine ganze Besetzung aus den Reihen des Dubliner Abbey-Theaters rekrutiert hätte. Doch die amerikanischen Gewerkschaften ließen es nicht zu, und er engagierte schließlich eine ganze Phalanx von authentischen gälischen Schauspielern wie Barry Fitzgerald, Una O'Connor, Denis O'Dea und Fitzgeralds Bruder Arthur Shields, der als Fords Assistent und technischer Berater fungierte. Für die Hauptrollen suchte sich der Regisseur Barbara Stanwyck und Preston Foster aus, beide von irischer Abstammung und beide unter Vertrag bei RKO, für die der Film produziert wurde.
Dudley Nichols, Fords Mitarbeiter bei *The Informer* (»Der Verräter«, »Informer«), schrieb eine ziemlich freie Adaptation von O'Caseys Stück, mit der Absicht, einen Teil des menschlichen Dramas festzuhalten, während die Handlung erweitert wurde, um ein umfassenderes Bild von der Ver-

›His Brother's Wife‹ – ›Zwischen Haß und Liebe‹ (1936). Mit Robert Taylor

strickung einer Stadt in einen fürchterlichen Konflikt einzuschließen. Auf der einen Seite wird das Stück fast zu einer Dokumentation der Unruhen (gesteigert durch Fords ausgedehnte Einschiebung von Wochenschaumaterial, das mit seiner oft schlechten Fotografie und seinem eiligen Tempo nicht ganz zum allgemeinen Gefüge des Films paßt), auf der anderen Seite übergeht es einige der farbigen Charaktere O'Caseys, um sich auf die Kriegsauswirkungen auf das Familienleben von Jack und Nora Clitheroe zu konzentrieren. Auf der Bühne gibt *Der Pflug und die Sterne* einen Querschnitt durch alle Bevölkerungsschichten. Im Film gibt es keinen Zweifel daran, daß Ford und Nichols gezwungen waren, Zugeständnisse an die Studioforderungen zu machen, obwohl er trotzdem kein richtiges Star-Vehikel war (obwohl die Stanwyck als Star genannt wurde).

›The Plough and the Stars‹ (1937). Als Nora Clitheroe

In dem Film ist vieles bewegend und spannend, und trotz der augenscheinlichen Hingabe der gesamten Besetzung wirkt das Drama am stärksten, wenn sich Fords Kameras zurückziehen und die sorgfältige Authentizität der Slumhäuser, Pubs und Dächer eines peinlich genau im Studio nachgebauten Dublin enthüllen. Das ist dem künstlerischen Leiter Van Nest Polglase zu verdanken. Durch das immer wieder einsetzende Grollen von entferntem Artilleriefeuer, das Szenen von Bomberangriffen und Zerstörung untermalt, erfüllt der Film sein Publikum mit einem überwältigenden Gefühl der Identifikation mit den irischen Rebellen. Die Sorge um die Clitheroes scheint von geringer Bedeutung. Nora will ihren Mann bei sich behalten. Jack muß in der Bürgerwehr dienen und – unvermeidlich – sein Leben opfern.
Als Nora entwickelt Miß Stanwyck einen irischen Akzent, der, obwohl nicht übermäßig auffällig, dennoch das authentische Flair vermittelt, das notwendig ist, um ihre Gegenwart unter so vielen in Irland geborenen Darstellern zu akzeptieren. Vor dem Hintergrund der Slums betrachtet, fanden sie

jedoch einige Kritiker offensichtlich zu gut erzogen, um glaubhaft zu erscheinen. In Walter Plunketts schmutziggraue Garderobe und anspruchslose Kopftücher gehüllt, macht sie kein Zugeständnis an den Glamour Hollywoods. Trotzdem ist es von Anfang an eine unverkennbare Stanwyck-Darstellung, wenn sie eine ihrer berühmten Hysterieszenen spielt und gegen die Verordnung protestiert, die ihren Mann in den Kampf für die Sache schickt.

1936 waren die Tiraden der Stanwyck bereits ein Markenzeichen: die aufgeworfenen Lippen, die stets gezeigten Zähne und die ärgerliche Verzerrung ihrer Gesichtszüge, in der kein glamoursüchtiger Star sich jemals erlauben würde zu schwelgen. Es ist Miß Stanwyck anzurechnen, daß sie sich nie davon abhalten ließ, auf eigenes Kommando alle innere Raserei freizusetzen, um einen dramatischen Höhepunkt des Drehbuchs durchzuziehen. Tatsächlich zeigt genau dieser Umstand, daß die Stanwyck nie ihr Filmstar-Image ruinierte und sich zu dieser entstellenden Mimik bekannte, die sie für den zu spielenden Charakter natürlich fand, eine Hochachtung vor ihrer Kunst, die auch in der Liebe fast aller Mitakteure, mit denen sie je gearbeitet hat, ihr gegenüber zum Ausdruck kommt.

Nachdem Ford die Produktion von *The Plough and the Stars* abgeschlossen hatte und nach Hawaii gefahren war, filmte ein ausführender Produzent von RKO, auf Befehl eines gerade neugewählten Studiomanagements, zusätzliches Material, das im Film beträchtliche Änderungen hervorrief. Mit der Idee, Jack und Nora würden für das Publikum interessanter sein, wenn ihr Verhältnis ein *unverheiratetes* wäre und das Ende glücklich, wurde Miß Stanwyck für neue Szenen zurückgerufen, für die sie als Künstlerin nichts übrig hatte. Doch sie konnte kaum dagegen protestieren. Es wurde berichtet, daß, während Fords Version in Irland und England zu sehen war, das amerikanische Publikum eine Mischung aus John Ford und RKO-»Verbesserungen« vorgesetzt bekam, was zu einigen sehr unterschiedlichen Kritikerreaktionen führte – auf den Film selbst und auf Barbara Stanwycks Darstellung. Auf jeden Fall sieht es so aus, als ob man heute

Fords Original im amerikanischen Fernsehen sieht, ob durch Absicht oder Zufall sei dahingestellt, jedenfalls lachte John Ford als letzter.

Barbara Stanwyck kehrte dann für *Banjo on My Knee* (»Mississippi-Melodie«) zu Fox zurück, ein komisches Drama mit Musik über das Volk auf den Mississippi-Flußbooten. Das Studio beschleunigte die Produktion, um die Premiere noch zum Weihnachtsgeschäft 1936 über die Bühne zu bringen. Damit kam dieser Film einen Monat vor *The Plough and the Stars* heraus.

Produzent Nunnally Johnson schrieb diese Adaptation des Volksromans von Harry Hamilton. Es geht um ein jugendliches Pärchen, das heiratet, doch seine Vereinigung nicht vollziehen kann, weil der Bräutigam mit der Polizei Schwierigkeiten bekommt und fliehen muß. Einige fanden, daß Johnson und sein Regisseur John Cromwell mit der Wiedervereinigung des Paares zu lange zögerten, da sich der Hauptteil der Handlung in einer ganzen Menge Nebenhandlungen verliert, bevor das erwartete Happy-End eintritt. Im Verlauf der Handlung wird Miß Stanwycks niedergeschlagene Pearl Entertainerin (sie tanzt mit Buddy Ebsen und singt, mit ihrer eigenen Stimme, solo wie auch im Duett mit Tony Martin – in den Tagen, als er immer noch als »Anthony« bekannt war). Joel McCreas reizbarer Ernie gibt ihr nie eine faire Chance, um ihre schlecht begonnene Ehe in Schwung zu bringen. Vor der Entscheidung müssen sich die beiden mit ihren Anwälten herumschlagen, und das Ganze gipfelt in einem haarsträubenden Wettstreit zwischen Barbara Stanwyck und der schwülstigen Katherine DeMille, die dann alles daransetzt, um ein Hausboot mit Stanwyck, McCrea und Walter Brennan an Bord in einem Sturm zu zerstören. Durch die professionelle Arbeit dieser Stars und von Charakterschauspielern wie Helen Westley, Walter Catlett und Minna Gombell wird *Banjo on My Knee* (»Mississippi-Melodie«) leicht und öfter aufgelockert, obwohl der Film nicht zu den Hauptwerken eines Regisseurs gezählt werden kann, der in starken Dramen wie *Of Human Bondage* (»Des Menschen Hörigkeit«) und *The Silver Cord* am besten zum Zug kam.

›Banjo on My Knee‹ – ›Mississippi-Melodie‹ (1936). Mit Joel McCrea

Barbara Stanwyck spielte in ihrem ersten Film für Paramount, dem anspruchslosen *Internes Can't Take Money* (»Assistenzarzt Dr. Kilder«, »Der Arzt der Unterwelt«, 1937), wieder mit Joel McCrea zusammen. Dies ist tatsächlich der erste Dr. Kildare-Film, basierend auf einer Zeitschriftenstory von Max Brand, und gleichzeitig auch der einzige, der *nicht* bei MGM gedreht wurde. Es ist eine spannungsgeladene Kriminalgeschichte, in der die Stanwyck die Witwe eines Bankräubers spielt, die kurz nach ihrer Entlassung aus dem Gefängnis ihr drei Jahre altes Kind sucht. Kildare (McCrea) versichert sich bei der Suche nach dem klei-

›Internes Can't Take Money‹ – ›Assistenzarzt Dr. Kilder‹, ›Der Arzt der Unterwelt‹ (1937). Mit Joel McCrea

›This is My Affair‹ – ›Unter vier Augen‹ (1937). Mit Robert Taylor und Victor McLaglen

nen Mädchen der Hilfe eines Gangsters (Lloyd Nolan), sobald man mit dem verbrecherischen Kidnapper des Kindes angemessen umgesprungen ist.
Die Drehbuchautoren Rian James und Theodore Reeves brachten dieses Melodram mit guten Dialogen und einem Gefühl für die Einstreuung gelegentlicher witziger Wendungen, um die Spannung aufzulockern, gut über die Bühne. Doch der Plot bietet gleichermaßen Romantik und Spannung, und Miß Stanwyck spielt die Szenen mit McCrea so natürlich wie auch die, in denen von ihr die Verzweiflung einer hingebungsvollen Mutter erwartet wird. Regisseur Alfred Santell, der häufig auf die schwermütige Atmosphäre und das Unterweltmilieu seines vorherigen Films *Winterset* zurückgreift, hat Barbara Stanwyck in den höchsten Tönen als

eine Schauspielerin gelobt, die kaum Regieanweisungen und nur wenige Retakes benötigte.
Die Mächtigen der 20th Century-Fox beschlossen nun, die anhaltende private Freundschaft von Barbara Stanwyck und Robert Taylor dadurch auszunützen, daß sie sie in dem Kostümdrama *This is My Affair* (»Unter vier Augen«) zusammen herausbrachten. Obwohl dieser Titel kaum eine Ahnung auf den Inhalt zuließ, bot diese gut gespielte Geschichte über FBI-Agenten, die während der McKinley-Regierung ein Syndikat von Bankräubern zur Strecke bringen, doch eine authentische Schilderung der grellen Cabarets und Unterweltspelunken. Taylor spielte einen Marineoffizier, der vom Präsidenten den Geheimauftrag erhalten hat, die Gang zu infiltrieren, während die Stanwyck eine Musikhallen-Sängerin namens Lil war, deren Verbindungen zur Kriminalität durch ihre Liebe zu Taylor auf die Probe gestellt werden. Am Ende rettet sie ihn im letzten Augenblick vor der Hinrichtung, indem sie nach McKinleys Ermordung bei Präsident Roosevelt ein gutes Wort für ihn einlegt.
William A. Seiter inszenierte diese ungewöhnliche Mischung mühelos, und Robert Taylor und Barbara Stanwyck gaben wieder ein attraktives Paar ab, da Miß Stanwyck besonders gut in ihre eleganten zeitgenössischen Kostüme paßte.

Oscar-Ehren: Den Gipfel nie erklommen

Stella Dallas, Olive Higgins Proutys beständiger Roman von 1922, war 1925 ein großer Erfolg gewesen, als er von Produzent Samuel Goldwyn in einer Stummfilmversion auf die Leinwand gebracht wurde. Belle Bennett hatte in der Titelrolle so etwas wie ein Comeback gefeiert. Im Jahre 1936 war es eine allgemein bekannte Tatsache, daß Goldwyn beabsichtigte, das Werk neu zu verfilmen. King Vidor wurde als Regisseur angeheuert und testete etablierte Schauspielerinnen für die Hauptrolle. (Ruth Chatterton lehnte nach ihrem Triumph in Goldwyns *Dodsworth* ab, da sie den Charakter von Stella als »zu unerfreulich« betrachtete.)
Joel McCrea war zu dieser Zeit bei Goldwyn unter Vertrag, für den er in einer Anzahl von erfolgreichen Filmen vor der Kamera gestanden hatte. Bei den Dreharbeiten zu *Banjo on My Knee* (»Mississippi-Melodie«) erfuhr er, daß sein Co-Star die Rolle ersehnte; also spielte er den Vermittler, um der Stanwyck die Rolle zu ergattern. McCrea betont, daß Vidor schon immer Miß Stanwyck für den Part der Stella haben wollte, doch erst mußte Goldwyn überzeugt werden, der noch einige andere Möglichkeiten in Betracht zog. Barbara Stanwyck sträubte sich dagegen, Probeaufnahmen zu machen, da sie das seit ihren Anfangsjahren im Filmgeschäft nicht mehr getan hatte, doch McCrea überredete sie dazu. Man teilte ihr und Anne Shirley die Geburtstagsparty-Szene zu, in der keiner der von Stella eingeladenen Gäste erscheint. »Wir filmten die Szene mit King Vidor einen ganzen Tag lang, statt der üblichen paar Stunden«, hat die Stanwyck berichtet. »Als Goldwyn den Streifen sah, gab er mir die Rolle.« Barbara Stanwyck mußte die vorgefaßte Meinung des exzentrischen Produzenten überwinden, daß sie 1. zu jung war, um Stella Dallas zu spielen, 2. nicht die Fähigkeiten dazu hatte, und 3. mit Kindern zuwenig Erfahrung hatte.
Natürlich liefert *Stella Dallas* (»Stella Dallas«) hervorragen-

de Möglichkeiten für eine Schauspielerin, doch die Anforderungen der Rolle sind groß. Sie muß zuerst als junge Frau mit bescheidenem Hintergrund überzeugen, deren selbstsüchtiges Verlangen nach Geld und gesellschaftlicher Position ihr die Liebe ihres Ehemanns aus der gehobenen Mittelschicht raubt. Doch sie muß auch für ihr Kind eine hingebungsvolle Mutter sein, selbstlos in ihren Wünschen, damit das Mädchen jede mögliche Chance bekommt, sogar bis zur Aufgabe von Stellas eigenen ursprünglichen Ambitionen. Schließlich muß sie eine bittere Pille schlucken: Als junges Mädchen hat Laurel den Geschmack und die Bildung entwickelt, die ihr eine Einheirat in die Gesellschaft und eine rosige Zukunft ermöglichen, während sich Stella niemals von ihren Ursprüngen lösen kann und sich damit begnügen muß, von draußen wehmütig zuzusehen.

In der mit Recht gepriesenen Geburtstagsparty-Szene werden Freude und begierige Erwartung von Mutter und Tochter nach und nach gelähmt, während der Nachmittag mit dem Ticken der Uhr verrinnt und die erwarteten Gäste entweder telefonisch oder schriftlich absagen oder durch ihre Abwesenheit Bände sprechen. Der Beweis für Stellas hingebungsvolle Bemühungen liegt in den fantasievollen Dekorationen, den Party-Gestecken, den Essensvorbereitungen von Hausmädchen Gladys und dem hübschen Kleid, das Stella für Laurel genäht hat. Die Szene ist sorgfältig vorbereitet, und wir im Zuschauerraum wissen von dem Augenblick an, als die erste Absage kommt – Miß Phillibrown (Ann Shoemaker), die Lehrerin, hat sie an Laurel geschickt –, daß Stellas wunderbare Party-Pläne dem Untergang geweiht sind.

Stella Dallas (»Stella Dallas«) strotzt förmlich von denkwürdigen Szenen, und das Script von Harry Wagstaff Gribble und Gertrude Purcell liefert Vidor und seiner Besetzung den Rahmen für gute Arbeit, obwohl es sich eng an die erzählerische Form von Goldwyns Stummfilmversion hält. Mit 19 Jahren bot Anne Shirley (sie hatte ihren Namen endgültig geändert, nachdem sie drei Jahre zuvor noch als Dawn O'Day die Rolle der Anne Shirley in *Anne of Green Gables* gespielt hatte) eine feinfühlige, gefällige, völlig überzeugende Darstel-

›Stella Dallas‹ – ›Stella Dallas‹ (1937). Mit Lillian Yarbo und Anne Shirley

lung einer ängstlichen Jugendlichen, lieferte den perfekten Ausgleich zu Stella, während sie zwischen dem Verrat an ihrer Mutter, die sie gegenüber ihren Freunden lächerlich macht, und einer liebenden Tochter schwankt, die ihrer Mutter nicht das Herz brechen möchte. Sie bringt eine außergewöhnliche Leistung, und obwohl diese Anne Shirley nie die Karriere brachte, die sie sich versprach (sie zog sich acht Jahre später vom Film zurück), bleibt sie doch völlig frisch und bezaubernd.

Die Bühnenschauspielerin Barbara O'Neil vermittelte einen etwas reiferen Charme. Sie wurde von Goldwyn für ihr Filmdebüt als Mrs. Morrison vom Broadway geholt. Mrs. Morrison ist die gesellschaftlich gutsituierte Witwe, in die sich der entfremdete Stephen Dallas verliebt und die für Laurel durch Zufall die perfekte Ersatzmutter wird. In der vielleicht bewegendsten Szene des Films geht Stella zum Wohnsitz der Morrisons, da sie schließlich davon überzeugt ist, daß Laurel ein schönes Zuhause haben wird, wenn sie (Stella) nur Stephen freigebe, damit der Mrs. Morrison heiraten kann. Im Salon tritt Stella ihrer möglichen Rivalin gegenüber, nicht in Zorn oder Ärger, sondern mit resignierter Selbstaufopferung.

Im Gegensatz zu der kühlen Schönheit Mrs. Morrisons sieht Stella in dieser Sequenz nicht aufgetakelt aus, sondern eher schmierig. Ihr Haar ist ungekämmt, gekrönt von einem häßlichen, geschmacklosen Hut, und sie trägt einen altmodischen pelzbesetzten dunklen Mantel, der sie sofort von der geschmackvollen Eleganz der Morrison-Einrichtung abstechen läßt. Sie verbirgt nervös und furchtsam ihre wirklichen Gefühle mit dem Wissen, daß Laurels ganze Zukunft von ihrem Treffen mit dem Vater und seiner zukünftigen Frau abhängt.

Stella versucht nun, Helen Morrison davon zu überzeugen, daß Laurels Leben viel einfacher wäre, wenn jedermann glauben würde, sie sei *ihre* Tochter. »Sie sind eine Mutter, auf die jedes Mädchen *stolz* sein könnte«, sagt Stella. Die andere Frau, sichtbar bewegt, antwortet ruhig: »Ich hätte nie gedacht, daß jemand so selbstlos sein könnte.« Barbara Stanwyck spielt diese Szene hervorragend, sie bringt den Dialog fast so leicht wie ein gesellschaftliches Geplauder, bis sie auf dem Höhepunkt der Szene ihrer Stimme erlaubt, ganz leicht zu brechen, während sie sagt: »In kurzer Zeit wird sie mich vergessen können, und sie wird Sie lieben, als ob Sie ihre wirkliche Mutter wären.«

Die Szene und der Dialog sind im wesentlichen mehr als rührselig, und es ist dem beherrschten Spiel von Miß Stanwyck und Miß O'Neil anzurechnen, daß der Augenblick, obwohl beabsichtigt, immer noch allgemein berührend wirkt.

Doch *Stella Dallas* hat ihren Angriff auf die Gefühle des Publikums noch nicht beendet. Als nächste kommt die Szene, in der Stella, nachdem sie erfahren hat, daß das Mädchen dankbar den Gedanken von sich gewiesen hat, ihre Mutter für ein besseres Leben zu verlassen, in der Stella Laurel etwas vormacht, um ihren Entschluß zu ändern. Sie versichert sich der Hilfe des betrunkenen Ed Munn (Alan Hale), den Laurel immer abstoßend gefunden hat, und sie bereitet sorgfältig die Szene für ein Schauspiel äußerster Geschmacklosigkeit vor, von übermäßiger Aufmachung bis hin zur abgeschmackten Schallplattenmusik. Schließlich schafft es Stella, die Liebe des Kindes abzuwürgen, indem sie ihr Vorhaben ankündigt, mit Munn wegzugehen und etwas Spaß zu haben: »Lolly, ich habe dir die besten Jahre meines Lebens geopfert. Eine Frau braucht auch etwas anderes!« Das Mädchen ist so abgestoßen, daß es das schmutzige Zimmer – und Stellas Leben – für immer verläßt. Plötzlich erkennt Stella die Endgültigkeit von Laurels Weggang und bedeckt ihr tränenüberströmtes, bemaltes Gesicht mit den Händen. Auf dem Höhepunkt dieser

›Stella Dallas‹ – ›Stella Dallas‹ (1937). Mit Alan Hale

erfinderischen Gefühlsattacke bricht uns Barbara Stanwyck fast das Herz.

Die letzte Szene von *Stella Dallas,* in der sie die Hochzeit ihrer Tochter von draußen, hinter einem eisernen Gartenzaun in der regnerischen Nacht stehend, beobachtet, liefert den endgültigen Höhepunkt. Das Publikum wird bis zum äußersten manipuliert – doch es funktioniert. Ein Polizist versucht, Stella dazu zu bringen, weiterzugehen, doch sie sträubt sich energisch dagegen: »Oh, lassen Sie mich sie zuerst sehen – bitte.« Und als Laurels Bräutigam ihren Schleier lüftet, um sie zu küssen, lächelt Stella zufrieden. Der Polizist zwingt die Volksmenge, sich zu zerstreuen, und sie geht weg, den Kopf in einer Art Triumph stolz erhoben. Es ist der vorletzte Augenblick von »Mutterliebe und Selbstaufopferung«.

Jahre später sagte die Stanwyck in der *Saturday Evening Post*-Serie mit dem Titel »Die Rolle, die ich am meisten liebe« über *Stella Dallas:* »Es gab in der zweifachen Natur der Rolle eine ungewöhnliche Stimulation; es war so, als ob ich zwei verschiedene Frauen gleichzeitig spielte. Stella mußte immer in ihrer oberflächlichen Gewöhnlichkeit und ihrer inneren Feinheit gezeigt werden. Jede Szene war elegant konstruiert, oftmals lagen Tragödie und Komödie sehr nahe beieinander.« Und abschließend sagte sie: »Ich blicke mit Liebe und Respekt auf das ehrliche Gefühl dieser Rolle zurück.«

Trotz der Vorzüglichkeit so vieler seiner Szenen, der Schauspieler und der Regie wirft *Stella Dallas* Fragen auf, ohne sie zu beantworten, was den Glauben an seine echteren Momente etwas beeinträchtigt: Warum wird Laurel von einer Mutter, deren eigene Garderobe (dank Goldwyns Kostümbildner Omar Kiam) von einfach schlampig bis abscheulich reicht, so geschmackvoll angezogen? Wie schafft es Laurel, in Abwesenheit ihres guterzogenen Vaters, umgeben von Stellas vulgären Freunden und ungehobelten Manieren, sich zu so einem vorbildhaften jungen Mädchen zu mausern? Und wie schafft es Stella selbst, aufgewachsen im Fabrikarbeitermilieu, den Grad von gutem Benehmen und korrekter Aussprache zu erreichen, der Stephen Dallas so offensichtlich zu einer kurzen Werbung und Heirat verführte?

In der Sequenz, in der Stella für ihre Tochter endgültig peinlich wirkt, erscheint sie mitten im Country-Club aufgetakelt und behängt bis zum äußersten (»Das ist keine Frau; das ist ein Weihnachtsbaum!« sagt einer von Laurels Freunden). Für einen Augenblick erlaubt Vidor der Stanwyck, ins Parodistische überzuwechseln, und sie wirkt lediglich aufreizend und grotesk, als ob hier ihre Schauspielerei von der Unfeinheit ihres Kostümes und ihres Make-ups diktiert wurde. Wo Stella vielleicht nur taktlos und bemitleidenswert gewesen wäre, wird sie nun bis zum Extrem lächerlich, was die Gesamtheit eines außergewöhnlichen schauspielerischen Bravourstücks beeinträchtigt.

Obwohl die Stanwyck zahlreiche Rollen gespielt hat, in denen sie eine Blondine sein sollte, war *Stella Dallas* der einzige Film, für den sich die Schauspielerin die Haare bleichen ließ. Ihre Begründung: »Ich hätte nichts mit meinen Händen machen können, wie etwa durch die Haare fahren. Außerdem war Stellas Haar in ihrer Wohnung verwahrlost und ungekämmt – und das kann nicht realistisch gemacht werden, außer mit dem eigenen Haar.«

Barbara Stanwyck erhielt für *Stella Dallas* ihre erste Oscar-Nominierung. Doch der Akademiepreis für die beste Schauspielerin des Jahres ging an Luise Rainers ergreifende Darstellung der chinesischen Bäuerin in *The Good Earth* (»Die gute Erde«). Miß Stanwyck war über die Niederlage äußerst enttäuscht und bemerkte: »Ich habe wirklich mein Blut für die Rolle gegeben!«

Barbara Stanwyck ließ der schauspielerischen Herausforderung von *Stella Dallas* die leichte Komödie *Breakfast for Two* (1937) folgen. In dieser RKO-Produktion spielten Herbert Marshall und eine hochwertige Besetzung. Alfred Santell, der die Stanwyck durch die niederschmetternden Handlungsmachenschaften von *Internes Can't Take Money* (»Assistenzarzt Dr. Kilder«, »Der Arzt der Unterwelt«) geleitet hatte, zeigte bei der »Screwball«-Groteske dieses Drehbuchs, das seine Hauptdarstellerin als eine Erbin aus dem Südwesten sah, die den versoffenen Playboy-Erben einer Dampfschifflinie reformiert – und für sich gewinnt, eine genauso geschick-

›Breakfast for Two‹ (1937). Mit Herbert Marshall

te Hand. Einen amüsanten Höhepunkt bietet die Szene, in der sich die beiden Stars mit einem wilden Boxkampf vergnügen, wobei die Stanwyck von einem Haufen Kegel getroffen wird und Marshall mit beschwerten Handschuhen ausknockt. Einen Großteil der Show stahlen die Farce-Experten Glenda Farrell und Eric Blore, der hier als Butler namens »Butch« eingesetzt wurde.

Nach acht Jahren als Filmschauspielerin fühlte sich Barbara Stanwyck erfahren genug und ihrer Fähigkeiten so weit bewußt, daß sie Drehbücher, die ihr von Fox und RKO angeboten wurden, ablehnen konnte. Sie setzte für circa sieben Monate aus und entschloß sich schließlich dazu, ihren Kontrakt bei Fox zu erledigen, indem sie *Always Goodbye* (1938), ein

Remake von *Gallant Lady* (1934) mit Ann Harding, drehte. Wieder beschäftigt sich die Schauspielerin mit Mutterliebe und Aufopferung, doch dieses Mal auf einer bedeutend niedrigeren Ebene als in *Stella Dallas* und gelegentlich durchsetzt mit humorigen Szenen, die das Publikum von den trivialeren Momenten ablenken. Miß Stanwyck spielte das altgediente Klischee einer unverheirateten Mutter, deren Liebhaber getötet wurde, bevor er sie heiraten konnte. Sie gibt ihr Baby zur Adoption frei, erlebt jedoch später einen Sinneswandel und versucht, es zurückzubekommen. Herbert Marshall, Ian Hunter und Cesar Romero waren die nicht besonders aufregenden Männer in ihrem Leben, und obwohl sie, Barbara Stanwyck und die mitwirkenden Damen Lynn Bari und Binnie Barnes, alle positive Kritiken einheimsten, gab es nur spärliches Lob für das Drehbuch von Kathryn Scola und

›Always Goodbye‹ (1938). Mit Ian Hunter, Lynn Bari, Binnie Barnes und Johnny Russell

Edith Skouras wie auch für Sidney Lanfields Regie bei diesem müden Thema.
Bei ihrer Rückkehr zu RKO wurde Barbara Stanwyck durch die ungewöhnliche, aber üppige Mischung aus »Screwball«-Farce und mysteriösem Mord in *The Mad Miss Manton* (1938) besser bedient. Hier ist sie eine übermütige Erbin, die Anführerin einer Gruppe von lautstarken flatterhaften Debütantinnen, die einen Doppelmord aufklärt, der die Polizei verwirrt hat. Die Stanwyck erlebt dabei die übliche Haß-Liebe-Beziehung mit einem sarkastischen Zeitungsredakteur (Henry Fonda), der ihr genaues Gegenteil ist. Leigh Jason, der zwei Jahre früher mit Miß Stanwyck *The Bride Walks Out* inszeniert hatte, erweiterte das heitere Drehbuch von Philip G. Epstein um einige interessante Einzelheiten, obwohl er alle Hände voll damit zu tun hatte, richtige Darstellungen aus den mitspielenden »Debütantinnen« herauszuholen, von denen die meisten das erste Mal im Film auftraten. Doch die Elemente aus Komödie und Spannung waren meistens gut ausbalanciert.

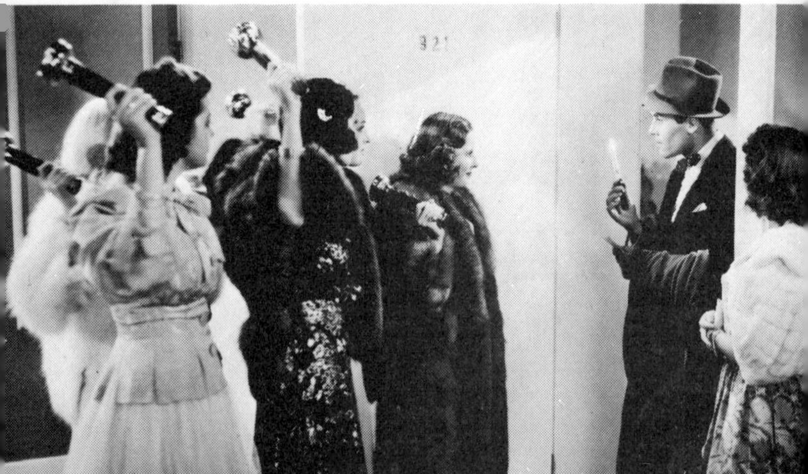

›The Mad Miss Manton‹ (1938). Mit Henry Fonda und den Debütantinnen

›Union Pacific‹ – ›Die Frau gehört mir‹, ›Union Pacific‹, ›Pazifik-Express‹ (1939). Als Mollie Monahan

Als nächstes ging die Schauspielerin zu Paramount, um ihren einzigen Auftritt in einem Cecil B. DeMille-Epos zu absolvieren, *Union Pacific* (»Die Frau gehört mir«, »Union Pacific«, »Pazifik-Expreß«, 1939). Es war ein breitangelegtes Eisenbahnerdrama, das 1868 während des Baus einer Eisenbahnlinie von St. Louis in den Westen spielte. Barbara Stanwyck spielte Mollie Monahan, die mutige irische Tochter des Eisenbahningenieurs der Union Pacific (J. M. Kerrigan), die ein Abenteuer und eine Romanze mit einem Ordnungshüter (Joel McCrea) und einem Spieler (Robert Preston) erlebt – und die Gefahr durch marodierende Indianer entlang der Strecke. Für DeMille, der damit seinen letzten Schwarzweißfilm drehte, war es typisch, daß keine Ausgaben gescheut

wurden, um auch diesen Western in jedem möglichen Sinne »groß« aussehen zu lassen. Die Actionsequenzen, einschließlich spektakulärer Zugtrümmer, Saloonschlachten, Indianerüberfällen und die farbigen Charaktere waren genau das, was das Publikum von einem DeMille-Film erwartete, und *Union Pacific* war 1939 ungemein populär.
Miß Stanwyck liefert als Mollie eine Darstellung, die ehrlich, anziehend und voller Energie ist. Sie schraubt ihre Stimme höher als gewöhnlich und entwickelt einen irischen Dialekt, der noch ein gutes Stück breiter ist als der, den John Ford in *The Plough and The Stars* aus ihr herausgeholt hatte. Zeitweise geht der Schwung etwas mit ihr durch. Sie bemüht sich redlich, doch manchmal steht ihr der Akzent bei ihrem Filmdialog im Wege, was einige sonderbare Ergebnisse bringt. (»Is it another slap you're *askin'* for, Mr. Butler?«)
In seiner *Autobiographie* scheut DeMille verständlicherweise davor zurück, den Namen seiner Lieblingsschauspielerin zu nennen, doch er spricht Barbara Stanwyck ein großes Lob aus: »Ich muß sagen, daß ich nie mit einer Schauspielerin gearbeitet habe, die kooperativer, weniger launenhaft und ein besserer Arbeiter war als Barbara Stanwyck ... ein größeres Kompliment kann man kaum machen. Barbaras Name fällt einem zuerst ein, wenn man nach jemandem sucht, der seine Arbeit mit ganzem Herzen und ganzer Seele verrichtet.« (Cecil B. DeMille, *Autobiography,* Prentice Hall, Englewood Cliffs, N. J., 1959, S. 364)
Am 14. Mai 1939, mitten in der Produktion ihres nächsten Columbia-Films *Golden Boy* (»Golden Boy«), verschwand Barbara Stanwyck mit Robert Taylor, der gerade bei MGM *Lady of the Tropics* mit Hedy Lamarr drehte. Sie wurden in aller Stille in San Diego getraut, Mrs. Zeppo Marx war ihre Brautjungfer und »Buck« Mack Taylors Trauzeuge. Die Pläne für die Flitterwochen mußten allerdings wegen der Drehpläne aufgeschoben werden. Das Alter des Bräutigams wurde offiziell mit 28 angegeben; das der Braut diskret auf 30 gesenkt.
Clifford Odets Bühnenstück *Golden Boy* hatte in der Saison 1937/38 am Broadway eine Laufzeit von 250 Vorstellungen

verzeichnet. Es war eine Aufführung des Group-Theaters gewesen, in der Luther Adler den Preisboxer und Musiker-Helden spielte, Frances Farmer (auf Urlaub vom Film) die Freundin des Managers und Roman Bohnen den Boxveranstalter. Außerdem wirkten noch so aufsteigende »methodische« Schauspieler (und künftige Regisseure) wie Lee J. Cobb, Elia Kazan, Martin Ritt und Jules (bald berühmt als »John«) Garfield mit.

Columbia kaufte die Filmrechte und übertrug die Regie Rouben Mamoulian, dessen Film von dem hart-realistischen *Applause* und *City Streets* (»Straßen der Großstadt«, »Straßen der Weltstadt«) bis zu dem romantischen *Queen Christina* (»Königin Christine«) und dem wohlklingenden *High,*

›Golden Boy‹ – ›Golden Boy‹ (1939). Mit William Holden, Adolphe Menjou und Joseph Calleia

Wide and Handsome reichten. Barbara Stanwyck und Adolphe Menjou waren für die Rollen der Freundin und des Boxmanagers engagiert, doch die schwierige Titelrolle des Joe Bonaparte mußte noch besetzt werden. Viele Schauspieler, gleichermaßen etablierte wie unbekannte, wurden für diesen Part getestet, der eine Mischung aus Sensibilität und Härte verlangte. Man suchte einen Schauspieler, der das Publikum davon überzeugen konnte, daß er gleichzeitig ein begabter Geiger und ein schrecklicher Gegner im Boxring war. Mamoulian entschied sich trotz der Einwände des Columbia-Chefs Harry Cohn für William Holden, einen Kleindarsteller bei Paramount, der vorher nur kurz in *Prison Farm* und *Million Dollar Legs* aufgetreten war. Holden war als Schauspieler sehr unerfahren und mußte einen harten Kampf durchstehen, um in der Rolle zu überzeugen. Doch er verbrachte seine drehfreien Stunden mit harter Arbeit an seiner Schauspielerei, seiner Boxtechnik und seinem Musikgefühl, und er rechnet es Barbara Stanwyck hoch an, daß sie ihm nicht nur freigebig ihre Zeit opferte und ihr schauspielerisches Wissen vermittelte, sondern sich auch für ihn einsetzte, als Columbia mit dem Gedanken spielte, ihn zu ersetzen. Am Ende wartete er mit einer für einen Neuling erstaunlichen Darstellung auf. Jahre später sagte der Schauspieler: »Ich glaube, es gibt niemanden, der mehr für mich in meiner Karriere getan hat als Barbara Stanwyck.«

Da Odets nicht für die Drehbuchfassung seines Stückes zur Verfügung stand, engagierte Columbia nicht weniger als *vier* Autoren, um diese Arbeit zu erledigen. In der Adaptation wurden einige politische Aussagen des Stückes entweder abgemildert oder gestrichen, und das ursprüngliche tragische Ende wurde geändert. Es erlaubte Joe Bonaparte das Überleben wie auch ein Happy-End mit dem Mädchen. Natürlich wurden die Boxszenen im Film überzeugender wiedergegeben, was schon allein am Medium Film lag – hier liefert Mamoulian einige der authentischsten Momente des Films.

Als Lorna Moon, die hartgesottene »Dame aus Newark«, die für den Fight-Boss Menjou mehr als nur eine »Freundin« ist (er kann sie erst heiraten, wenn seine Frau in eine Scheidung

einwilligt), ist Barbara Stanwyck in ausgezeichneter Form. Sie ist unverblümt und ohne Illusionen und eindeutig eine Frau, die die Spielregeln kennt. Als Menjou den jungen Boxer Joe Bonaparte übernimmt, ist sie damit einverstanden, den Jungen mit ihren Reizen beim Boxgeschäft zu halten, damit er nicht zu der Geige zurückkehrt, die der Vater Joe so sehr ans Herz legt. Als Joe sich in Lorna verliebt und sie sich in ihn, wird die Lady weicher, und ihre oberflächliche Hartgesottenheit läßt eine Zärtlichkeit durchscheinen, die Stanwycks Schauspielkunst gänzlich überzeugend macht.
Auf dem Höhepunkt der Story gewinnt Joe den großen Kampf, tötet jedoch unbeabsichtigt seinen Gegner. Das bekräftigt seinen endgültigen Entschluß, den Ring zu verlassen. »Ich wollte mich selbst besiegen«, sagt er zu Lorna, »doch statt dessen habe ich mich vernichtet.« Ihre Antwort ist eine typische Stanwyck-Zeile, die die Schauspielerin mit ihrer ganzen bodenständigen Aufrichtigkeit herausbringt: »Nichts kann dich aufhalten, wenn du etwas aus ganzem Herzen tust.«
Vieles in *Golden Boy* erscheint heute übervereinfacht und unnötig sentimental, besonders an Lee J. Cobbs überdrehter Darstellung von Joes »You-a good-a boy« italienischem Vater. Der Film bewahrt jedoch in den authentischen Kampfszenen solide Wirksamkeit, wie auch in den Leistungen der Schauspielerprofis: Stanwyck, Menjou und Joseph Calleia. Der Film kam beim Publikum von 1939 auch nicht so gut an, wie man erwartet hatte, doch das lag wohl hauptsächlich am bedrückenden Depressionsära-Hintergrund des Stoffes. Aber er machte den 21 Jahre alten William Holden zu einem Star, nicht zuletzt dank der Intervention von Barbara Stanwyck, die mit dem jungen Schauspieler jeden Abend ruhig die Szenen des nächsten Tages durchspielte. Gerüchten zufolge bedankt sich Holden jährlich für die Freundlichkeit der Stanwyck, indem er ihr am Jahrestag der Premiere von *Golden Boy* Rosen schickt.
Sobald Barbara Stanwyck und Robert Taylor verheiratet waren, verkaufte sie ihre Ranch im San Fernando Valley wie auch ihre Anteile an dem Gestüt an ihren Partner Zeppo

Marx. Die Taylors mieteten sich nun ein Haus in Beverly Hills, und »Buck« Mack, der ein enger Freund von Robert geworden war, zog zu ihnen.

Paramounts *Remember the Night* (»Die unvergeßliche Nacht«), der einzige Film der Schauspielerin im Jahre 1940, gehört zwar nicht zu ihren bekanntesten Filmen, liefert aber eine der besten Arbeiten von Barbara Stanwyck, wie viele meinen. Mitchell Leisen, der dieses Drehbuch von Preston Sturges (seinem letzten, bevor er sich selbst der Regie zuwandte) inszenierte, konnte diesen Filmtitel genausowenig erklären wie die Kritiker. Es ist eine liebenswürdige Komödie, in der die Stanwyck als professionelle Ladendiebin gut besetzt ist. Obwohl ihr Fall noch in der Schwebe ist, wird sie der Obhut eines Staatsanwaltsassistenten übergeben, damit sie beide zu Hause, in Indiana, Weihnachten feiern können. Als Stanwycks Mutter sie eiskalt abweist, lädt MacMurray (ihr »Wächter«) sie ein, ihn zu seinem Heim zu begleiten, wo sie mit einer Freundlichkeit aufgenommen wird, die sie bis dahin noch nicht gekannt hatte. Sie verlieben sich ineinander, und er bietet ihr auf dem Rückweg an, sie entkommen zu lassen. Doch sie hat sich inzwischen gebessert und möchte ihre erwartete Strafe absitzen, in der Gewißheit, daß er bis zu ihrer Entlassung auf sie warten wird.

Sturges' Arbeit läßt das Thema nicht schwerfällig werden, und Leisens Regie- und Produktionserfahrung half dabei, ein Drehbuch zusammenzustreichen, das ursprünglich viel zu lang war. So paßte der Film schließlich in die Zeitlängen-Anforderungen des üblichen Films der vierziger Jahre. Der Drehplan sah ursprünglich 42 Tage Dreharbeiten vor, doch *Remember the Night* wurde in nur 34 Tagen abgedreht, was die Drehkosten um über 50.000 Dollar senkte. Leisen rechnet diese Leistung der Stanwyck an: »Sie schmiß im ganzen Film keine einzige Zeile. Sie setzte dieses Tempo fest, und alle arbeiteten intensiver, um zu versuchen, sie auszustechen. Sie stand immer neben mir, wenn ich sie brauchte. Wir mußten kein einziges Mal auf sie wegen der Fertigstellung ihrer Frisur oder Maske warten.« (David Chierichetti, *Hollywood Director,* Curtis Books, New York, 1973, S. 140)

›Remember the Night‹ – ›Die unvergeßliche Nacht‹ (1940). Mit John Wray und Fred MacMurray

Remember the Night ist mit einer gelungenen Mischung aus Drehbuch, Regie und Besetzung (einschließlich Charakterdarstellern wie Beulah Bondi, Elizabeth Patterson und Sterling Holloway) gesegnet und verwirrt heute durch seine relative Unbekanntheit. Nicht, daß der Film von den Kritikern 1940 vernachlässigt worden wäre. Frank S. Nugent schrieb in der *New York Times:* »Es ist ein denkwürdiger Film, im Titel wie auch in der Qualität.«
Gleich nach der Fertigstellung dieses Films hegte Mitchell Leisen die Hoffnung, mit Miß Stanwyck an *The Night of January 16th* zu arbeiten, für den einmal Claudette Colbert genannt worden war. Barbara Stanwyck sollte zusammen mit

Don Ameche in diesem geheimnisvollen Melodram von Ayn Rand auftreten, doch der Schauspieler verlangte Drehbuchänderungen, und das Projekt wurde zeitweilig aufgegeben. Im folgenden Jahr tauchte es als ein Paramount-B-Film unter einem anderen Regisseur auf.

Für einige Zeit arbeitete die Stanwyck beim Radio – sie war beim *Lux Radio Theatre* ein beliebter Gaststar –, und dann kam die Möglichkeit, wieder mit Frank Capra zu arbeiten. Dieses Vehikel, das unter dem unhandlichen Titel *The Life and Death of John Doe* begann und schließlich kurz *Meet John Doe* (»Hier ist John Doe«, 1941) betitelt wurde, ist vielleicht der kontroverseste Film Capras. Es ist eine soziologische – oft sentimentale – Geschichte über eine Reporterin (Stanwyck), die den »gewöhnlichen Mann« (Gary Cooper) glorifiziert und ausbeutet, nur um ihn schließlich von den bösen Kräften eines möchtegern-faschistischen Diktators (Edward Arnold) fast zerstört zu finden. Das exzellente Drehbuch ist von Robert Riskin. Capra und Riskin hatten mit dem Ende dieser Parabel Schwierigkeiten, doch in der endgültigen Version wird ein desillusionierter Cooper in der elften Stunde des Weihnachtsabends von einer reuigen Stanwyck vor einem selbstmörderischen Sprung bewahrt. Sie war genau die Person gewesen, die ihn zynisch als einen Strohmann gegen die Feinde der Rechtschaffenheit aufgebaut hatte.

Wieder ist die Stanwyck eine hartgesottene, treffsichere Dame, die von einem ehrlichen Mann bekehrt wird, dessen Naivität und idealistischer Glaube sie aus ihrem Opportunismus und ihrer Selbstgefälligkeit herausholten. Die Ann Mitchell ist für sie eine maßgeschneiderte Rolle, und sie spielt sie mit einer Mischung aus kalkulierter Sprödigkeit und energischem Enthusiasmus, die Coopers angeborenen schüchternen Charme und seine passive Verwirrung, die eine Integrität verbergen, die seine Manipulatoren nicht vermuten, perfekt ergänzt.

Meet John Doe wurde von Capra unter seltsamen Umständen hergestellt, die viel Aufmerksamkeit erregten. Wegen seiner »kontroversen« Natur war das Filmdrehbuch Hollywoods am sorgfältigsten gehütetes Geheimnis des Jahres. Zuerst wählte

Capra die Besetzung, die er wollte, dann trat er an jeden einzelnen heran. Im Falle Barbara Stanwyck genügte es ihr, daß Capra versicherte, ihre Rolle sei eine »ehrliche«. Sie drückt das so aus: »Ich mußte mich auf Frank Capras Wort verlassen, daß er und Robert Riskin für mich eine Rolle hatten, auf die ich stolz sein würde. Alle anderen in der Besetzung unterschrieben unter den gleichen Konditionen. Niemand bekam das Drehbuch vorab zu sehen.«
Tatsächlich erhielten nur sie, Cooper, Edward Arnold und Walter Brennan überhaupt richtige Drehbücher. Die anderen Schauspieler bekamen ihren Text von Szene zu Szene überreicht. Laut Stanwyck: »Ich bekam erst ein Drehbuch, nachdem ich versprochen hatte, jede Zeile mit meinem Leben zu beschützen.«
Der Grund für die ganze Geheimniskrämerei lag in Capras Befürchtung, daß seine und Riskins Handlung und Ideen von irgend jemandem gestohlen werden könnten, der sie dann

›Meet John Doe‹ – ›Hier ist John Doe‹ (1941). Mit Walter Brennan und Gary Cooper

bei der Verfilmung schlagen könnte. Nach der Premiere des Filmes brauchte sich Capra keine Sorgen mehr zu machen. Die Kritiken waren hervorragend, und der Film kam an der Kinokasse sehr gut an. Doch die Filmakademie widmete dem Film nur eine Nominierung für die Originalstory, bearbeitet von Richard Connell und Robert Presnell. War Hollywood wegen *Meet John Does* politischen Verwicklungen nervös?
Bis zu diesem Zeitpunkt hatte Barbara Stanwyck kaum die Möglichkeit, in einer guten »Sophisticated Comedy« aufzutreten. Doch dann kam Preston Sturges' *The Lady Eve* (»Die Falschspielerin«, 1941), der heute zu den besten Filmkomödien zählt. Sie trat wieder neben Henry Fonda auf, dieses Mal aber wesentlich zufälliger als in *The Mad Miss Manton*. Miß Stanwyck spielt Jean Harrington, die kartengewitzte Tochter eines genauso fixen Charles Coburn, der sich an Bord eines Schiffes herumtreibt – und später an Land inmitten der Long-Island-Gesellschaft –, und die einen schüchternen, doch sehr verfolgten jungen Millionär (Fonda) namens Charles Pike (von Pike's Pale, »The Ale That Won for Yale«) verwirrt.
Zu Beginn des Films lehnen sich Coburn und Stanwyck über die Reling ihres Schiffes, um nach potentiellen Opfern Ausschau zu halten, während er still ihre Philosophie zusammenfaßt: »Wir wollen Schwindler sein, aber nicht gewöhnliche.« Miß Stanwyck verliert keine Zeit mit Überlegungen, macht sich an Fonda heran und schleppt ihn unter einem sehr fadenscheinigen Vorwand in ihre Kabine. Sie flirtet lebhaft mit ihm und entlockt ihm den Spitznamen »Hoppsy«, mit dem sie ihn für den Rest des Films anredet. In dieser Sequenz, in der sie sich Fonda an den Hals wirft – mit einem Auge auf seine Millionen –, ist sie eine äußerst amüsante Verführerin, ganz Berechnung und angriffslustiger Charme.
Miß Stanwycks Pläne laufen schief, als ein Zeitungsfoto sie und Coburn als gemeinsame Kartenbetrüger entlarvt. Fonda ärgert sich darüber, daß er in die Falle gegangen ist, und behauptet, er sei sich ihrer Methoden bewußt gewesen. Die Stanwyck ist verletzt und gedemütigt und schwört Rache.
Der Filmtitel bezieht sich auf Barbara Stanwycks ergötzliche

›The Lady Eve‹ – ›Die Falschspielerin‹ (1941). Mit Henry Fonda und Eugene Pallette

Personifizierung einer jungen englischen Adligen, Lady Eve Sidwich. Für diese Verschwörung wird der sehr britische Eric Blore als ihr Onkel angeheuert. In dieser Verkleidung, bereichert durch einen vornehmen Akzent und einen fleißig benützten Straußenfedernfächer, bricht sie über den Pike-Haushalt herein und bezaubert und bekommt schließlich ihren gewünschten Junggesellen. Auf ihrer Hochzeitsreise im Zug nimmt sie bittere Rache, indem sie ihn durch unheimliche Geschichten über ihre unzähligen früheren Liebhaber in Schach hält, bis er aus dem Zug flüchtet. Am Schluß finden sie sich natürlich wieder für ein Happy-End.
Doch Sturges' Humor ist meistens listig, schnell und sogar zweideutig und daher in seiner heimtückischen Form für die offenen und deutlichen siebziger Jahre fremdartig. Und die Schauspielkunst ist geschickt, ob sie nun die sprühenden Dialoge am Laufen hält oder die eher farcenhaften physischen

Augenblicke vollzieht. (Fonda macht eine gut getimte Serie von Stürzen und Fehltritten durch.) Am Anfang des Films, als Stanwyck und Fonda aus ihrer Kabine zurückgekehrt sind, die sie nur aufgesucht hatte, um ihre Schuhe zu wechseln, vergnügen sich Coburn und sie mit einem raschen Austausch an Witzen. »Du hast ganz schön lange gebraucht, um in demselben Kleid wiederzukommen!« bemerkt er. »Ich habe Glück, daß ich *dieses* noch anhabe«, antwortet sein augenzwinkernder Sprößling, »Mr. Pike ist ein ganzes Jahr am *Amazonas* gewesen!«

Da Barbara Stanwyck nun zwischen Paramount, Columbia, RKO und Frank Capras unabhängiger Produktionsfirma bei Warner hin und her wechselte, hatte sie keine Kontrolle über die Premierenreihenfolge ihrer Filme. *The Lady Eve* kam vor *Meet John Doe* in die Kinos und wurde ein so großer Hit, daß Columbia Miß Stanwyck und Henry Fonda für eine weitere Komödie mit dem Titel *You Belong to Me* engagierte. Sam Goldwyn holte sie, um sie wieder gemeinsam mit Gary Cooper in *Ball of Fire* (»Die merkwürdige Zähmung der Gangsterbraut Sugarpuss«) herauszubringen. Beide Filme kamen 1941 in den Verleih. Bevor jedoch diese beiden Filme in Produktion gingen, trat die Stanwyck zum vierten Mal neben Joel McCrea in *The Great Man's Lady* auf, der im Frühjahr 1942 zur Aufführung gelangte. Es war eine Geschichte über die Frau im Leben eines Magnaten, die ihm durch ihre Aufopferung einen Sitz im Kongreß verschafft. William Wellman, zum ersten Mal seit *The Purchase Price* wieder mit der Stanwyck vereint, inszenierte das episodische und ungleichmäßige Drehbuch, das durch Rückblenden die Erinnerungen der nun 100jährigen Stanwyck aufrollt. Der Film beginnt mit ihren Mädchenjahren, die sie bei der Philadelphia Main Line verbringt. Das Mädchen läßt sich von den idealistischen Träumen eines gutaussehenden Grenzbewohners (McCrea) beeindrucken und zieht mit ihm als seine Braut nach Westen. Der Film zieht sich durch viele Jahrzehnte und wechselnde Umstände, währenddessen Miß Stanwyck von einer 16jährigen auf 109 altert und sich mit erstaunlicher Deutlichkeit an das vergangene Leben erinnert. Obwohl Hannah Sempler aus gutem Hause stammt, fügt sie sich mit unerschrockener Begeisterung in die Unerbittlichkeit des Prärielebens, da dies das Leben ist, nach dem ihr Mann strebt. Später, als er das Grenzlandimperium seiner Träume aufgebaut hat und ihre Kinder gestorben sind, leben sie sich auseinander, und Hannah überlebt, indem sie eine Pension in Sacramento führt. Dann wird sie Croupier im Crystal Palace in San Francisco und gewinnt schließlich Geld und Gut ihres Mannes von dem schurkischen Spieler Brian Donlevy zurück.

›The Great Man's Lady‹ (1942). Mit Joel McCrea

The Great Man's Lady ist durchgehend Barbara Stanwycks Film, und sie absolviert ihre komplexe und herausfordernde Rolle souverän. Sie erzählte Jahre später dem Schriftsteller James Gregory (*Movie Digest,* September 1972): »Ich liebte diesen Film – ich war einfach verrückt nach ihm! Es war sehr interessant, diese Rolle zu spielen, und ich liebte die Herausforderung. Doch er war nie sehr erfolgreich, und das brach mir irgendwie das Herz. Ich dachte, er würde es sein ... doch er war es nicht.«

In *You Belong to Me* (1941) ist Henry Fonda wieder der wohlhabende, aber linkische junge Mann, der diesmal in eine ehrliche Ärztin (Stanwyck) verliebt ist. Ihre Ehe erleidet Schaden, als er entdeckt, daß er mit ihrem Beruf wetteifern muß. Obwohl der Film nicht die Klasse seines Vorläufers *The Lady Eve* erreicht, kann sich *You Belong to Me* eines gescheiten Drehbuchs von Claude Binyon rühmen, wie auch der flotten Regie von Wesley Ruggles (es war Miß Stanwycks einziger Film mit diesem Veteranen unzähliger Komödien mit Jean Arthur und Claudette Colbert) und der guten Besetzung. Es handelt sich hier um einen sehr leichten Stoff, bei dem man sich am meisten an die Leistungen der Stars erinnert.

Wenn Barbara Stanwycks nächster Film *Ball of Fire* nicht ein so großer Erfolg geworden wäre, hätte sie wohl mit ihrer Arbeit in *The Lady Eve* (»Die Falschspielerin«) mehr Aufmerksamkeit erregt. Doch diese Sam-Goldwyn-Komödie von 1941 sollte ihr eine ihrer besten Rollen in einem sehr populären Film liefern, die ihr eine zweite Oscar-Nominierung einbrachte. Sie unterlag jedoch Joan Fontaine, die für *Suspicion* (»Verdacht«) einen sogenannten »Trostpreis« bekam, da sie im Vorjahr mit *Rebecca* (»Rebecca«) nicht gewonnen hatte.

Ball of Fire kann als eine freie Variation von *Schneewittchen und die sieben Zwerge* beschrieben werden, so war es auch in dem originellen Drehbuch von Charles Brackett und Billy Wilder vermerkt. Die schrullige Handlung dreht sich um sieben Professoren, die gemeinsam eine Enzyklopädie überarbeiten, und darum, wie einer der Professoren, Bertram Potts (Gary Cooper), sich mit einer slangquasselnden Theaterbiene namens Sugarpuss O'Shea (Stanwyck) einläßt.

›You Belong to Me‹ (1941). Mit Henry Fonda

Bei ihrem ersten Auftritt wird klar, daß Sugarpuss nicht gerade Schneewittchen ist. Sie taucht in einem glitzernden Stripper-Kostüm auf und singt (synchronisiert) eine Nachtclub-Nummer mit dem Titel »Drum Boogie«. In dieser, ihrer vielleicht lebendigsten Filmrolle entfaltet die Schauspielerin große Energie und Munterkeit, mit der sie die Professoren bezaubert – und ganz besonders den übernüchternen, pedantischen und grammatikbesessenen Cooper.
Man fühlt sich unwillkürlich an das Fonda-Stanwyck-Verhältnis in *The Lady Eve* erinnert, wenn sie ihn »Pottsy« nennt. Tatsächlich gleicht *Ball of Fire* sehr seinem Vorläufer. Wieder haben wir es mit einem sanftmütigen und linkischen Mann zu tun, der sich mit einer sowohl verliebten als auch ausgebufften Frau konfrontiert sieht.

›Ball of Fire‹ – ›Die merkwürdige Zähmung der Gangsterbraut Sugarpuss‹ (1941). Mit Gary Cooper

Howard Hawks inszenierte diese lockere Fabel, und obwohl es viele gibt, die den Film mit seinen bekannteren Komödien *Bringing Up Baby* (»Leoparden küßt man nicht«) und *His Girl Friday* (»Sein Mädchen für besondere Fälle«) gleichsetzen, ist Hawks nicht dieser Meinung, wahrscheinlich wegen des langsameren und weniger gleichmäßigen Tempos. 1948 engagierte Goldwyn Hawks, um aus *Ball of Fire* ein Vehikel für Danny Kaye und Virginia Mayo zu machen. Das Remake unter dem Titel *A Song is Born* (»Die tollkühne Rettung der Gangsterbraut Honey Swanson«) erreichte in keiner Weise

die Klasse seines Vorläufers und wird von Hawks als ein Desaster bezeichnet.
Ball of Fire ist immer noch ein großer Spaß, und Barbara Stanwycks schnellsprechende, gewitzte Stripperin, die Freude in das langweilige Leben der verkalkten Professoren bringt, ist eine herrliche, strahlende und lustige Charakterzeichnung, ob sie nun den schwach zweideutigen Dialog von Brackett und Wilder heraussprudelt oder versucht, trotz der drohenden Gegenwart ihres alten Gangsterfreundes (Dana Andrews) die Intensität ihrer aufrichtigen Gefühle für Cooper zu bewältigen. Es ist eine gewinnende Darstellung – doch man muß sich fragen, ob sie einer Oscar-Nominierung würdig war.
Unter den Nominierungen zur besten Schauspielerin 1941 war die Barbara Stanwycks die einzige für eine Komödienrolle. Sie sah sich einer harten Konkurrenz gegenüber: Bette Davis in *The Little Foxes* (»Die kleinen Füchse«), Greer Garson in *Blossoms in the Dust* (»Blüten im Staub«), Olivia de Havilland in *Hold Back the Dawn* (»Das goldene Tor«) – und der Siegerin Joan Fontaine in *Suspicion* (»Verdacht«).

Komödie und Drama

1942 war kein großes Jahr für Barbara Stanwyck. Man konnte sie, neben *The Great Man's Lady,* auch in einem etwas populäreren Warner-Drama mit dem Titel *The Gay Sisters* sehen, der zu seiner Zeit völlig harmlos und ohne jegliche andersgeartete Nebenbedeutung zu verstehen war. Tatsächlich hießen die Schwestern »Gaylord«, und ihre Aktivitäten waren alles andere als »gay«, in *jedem* Sinne des Wortes.

The Gay Sisters verwendet einen in den vierziger Jahren oft strapazierten Handlungsablauf und setzt im Kindesalter seiner Hauptfiguren ein. Fiona, Evelyn und Susanna Gaylord sind aus guter Familie und leben in der 5th Avenue. Ihre Mutter war in der falschen Nacht auf der »Lusitania«, und ihr Vater telegrafiert dem Publikum *seinen* bevorstehenden Tod (im Ersten Weltkrieg), indem er seiner ältesten Tochter Fiona sagt, sie müsse während seiner Abwesenheit »der Mann im Haus« sein. Vor seiner Abreise in den Kampf erinnert er sie an den Familienwahlspruch: »Verkaufe niemals das Land«, dann macht er sich für immer auf und davon und läßt die jugendliche Schauspielerin Mary Thomas als Fiona zurück, die die Treppe im Gaylord-Haus mit einer Entschlossenheit hinaufsteigt, die nur bedeuten kann, daß sie in der folgenden Szene zu Barbara Stanwyck heranwachsen wird. Geraldine Fitzgerald spielt die erwachsene Evelyn, und Nancy Coleman ist Susanna.

Von da an spinnt *The Gay Sisters* ein kompliziertes Netz aus Gerichtshofschlachten über die Erbschaft, aus den abwesenden Ehemännern sowie unerklärten Kindern, und aus Nebenhandlungen, die zwei von den Schwestern zu Rivalen um einen gutaussehenden jungen Maler werden lassen, der verwirrenderweise »Gig Young« genannt wird und gleichzeitig von Gig Young *gespielt* wird. (Sein Name war Byron Barr gewesen, doch das Publikum, das die Voraufführung von *The Gay Sisters* sah, zeigte eine solche Vorliebe für den neuen jungen Schauspieler, daß Warner bestimmte, er habe in Zukunft auf seinen Rollennamen aus diesem Film zu hören.)

›The Gay Sisters‹ (1942). Mit Donald Crisp, Nancy Coleman und Geraldine Fitzgerald

Ermüdende Rückblenden schwächten die bereits erschütterte Struktur des Films weiter, und ausführliche Rechtsangelegenheiten förderten das Interesse des Publikums an der traurigen Lage dieser Personen auch nicht gerade. Lenore Coffees Adaptation des Romans von Stephen Longstreet wählt nie den leichten Weg einer Erklärung, wenn ein komplizierter eingeschlagen werden kann, und es gibt kaum etwas, was die Regie von Irving Rapper hätte vereinfachen oder erläutern können. Deswegen verstreicht ein Großteil des Films, bevor wir sicher sind, daß der kleine Junge, den die Stanwyck als eine Art Spielgefährten behandelt, wirklich ihr eigener Sohn ist, von George Brent – einer kurzen und bitteren Verbindung aus ihrer Vergangenheit. Diese Verbindung wird, nicht überzeugend, rechtzeitig wieder aufgenommen, um für alle Beteiligten ein Ende voller fragwürdigen Glücks zu liefern. Wenn ihre Schlußumarmung auf eine Zukunft voller Sonnenschein deutet, kann das Publikum nur skeptisch eine Augenbraue heben.

Stanwycks Rolle bietet ihr einige gute Momente, inklusive einer ungehörigen Wein-Sauftour, bei der sie und Nancy Coleman sich im Weinkeller betrinken, quasi als letztes Fest vor dem Verlust des Familienbesitzes. Doch sie muß sich auch mit so unsterblichen Zeilen wie »Liebe ist etwas, was du aus dir selbst herausschneiden mußt, oder sie nistet sich ein und macht dich kaputt« herumschlagen. Die Figur tritt auch des öfteren als eine schroff redende Dame auf, deren kompromißlose Härte ihrer ziemlich aristokratischen Familienabstammung nicht zu entsprechen scheint. Die Kleidung von Miß Stanwyck ist einfach, ansehnlich und maßgeschneidert und entspricht ihrer Vertrauensstellung und ihrem aggressiven langen Schritt.

In der zweiten Hälfte von 1942 ging Barbara Stanwyck zu Universal, um in *Flesh and Fantasy* (»Das zweite Gesicht«) mitzuwirken, einer Aneinanderreihung von vier Kurzgeschichten über das Übernatürliche, die erst im folgenden Jahr in die Kinos kam. Schauspieler Charles Boyer und der französische Regisseur Julien Duvivier produzierten den Film gemeinsam, sie hatten kurz zuvor ein ähnliches Projekt bei Fox fertiggestellt *(Tales of Manhattan)*. Nachdem die Dreharbeiten abgeschlossen waren, entschloß sich Universal, die vierte Episode abzutrennen, ihre Laufzeit auf Spielfilmlänge auszudehnen und sie als separaten Programmfüller unter dem Titel *Destiny* herauszubringen.

Barbara Stanwyck trat in der dritten Episode von *Flesh and Fantasy* an Charles Boyers Seite auf. Diese Episode handelt von einem Luftakrobaten beim Zirkus, dessen Nerven nicht mehr mitmachen und der von dem Alptraum verfolgt wird, er würde abstürzen, während eine Frau mit ungewöhnlichen Diamantohrringen im Publikum aufschreit. Der Hochseilartist trifft die Frau aus seinem Alptraum auf einem Dampfschiff, und sie verlieben sich ineinander. Obwohl sie seine

Gefühle erwidert, verrät sie ihm nicht ihre Identität, und er fühlt, daß etwas Verhängnisvolles von ihr ausgeht. (Er hat einen weiteren Traum, in dem sie verhaftet wird.) Doch sie hilft ihm, sein Selbstvertrauen als Artist wiederzufinden, und obwohl sie schließlich tatsächlich verhaftet wird – weil sie die Diamantohrringe gestohlen hat –, wird angedeutet, daß das Schicksal die beiden wiedervereinen wird, sobald sie ihre Strafe abgesessen hat.
Zum ersten Mal in ihrer Karriere spielte Barbara Stanwyck eine Rolle, mit der sie nicht einmal in einem Drittel des Films präsent war. Doch die mysteriösen Züge dieser Frau – ihr Bedürfnis, ihre Vergangenheit ebenso zu verschleiern wie ihre wahre Identität – überließen der Schauspielerin unterschwel-

›Flesh and Fantasy‹ – ›Das zweite Gesicht‹ (1943). Mit Charles Boyer

lige Strömungen, die es ihr ermöglichten, der Figur eine weitere Dimension hinzuzufügen.
Im Februar 1943 wurde Robert Taylor als Leutnant in die US-Marine eingezogen. Er meldete sich bei der Great Lakes Naval Training Station als Fluglehrer, während Barbara Stanwyck einen Großteil ihrer Freizeit – und einsamen Stunden – mit Arbeit in der Hollywood Canteen verbrachte.
Der zweite Film, den sie 1943 drehte, wurde nach *Flesh and Fantasy* fertig, kam aber früher heraus. *Lady of Burlesque* bot Miß Stanwyck die Möglichkeit, ihr Rollenfach zu wechseln, was für die Schauspielerin zweifellos erfreulich war. Sie spielte in dieser Hunt-Stromberg-Produktion für United Artists die Königin der Burlesque – Dixie Daisy. Es handelt sich hierbei um eine Adaptation von Gypsy Rose Lees Kriminalroman *The G-String Murders,* dessen Titel geändert wurde, als Stromberg entdeckte, daß die Mehrheit der amerikanischen Kinogänger nichts mit einer G-Saite anzufangen wußte.

Rechts: ›Double Indemnity‹ – ›Frau ohne Gewissen‹ (1944). Als Phyllis Dietrichson

Links: ›Lady of Burlesque‹ (1943). Mit Stephanie Bachelor und Charles Dingle

William A. Wellman verfilmte das flotte Drehbuch von James Gunn über einen verrückten Killer, der die dunklen Nischen eines alten Theaters terrorisiert. In Wellmans Händen bekam das ziemlich gewöhnliche Melodram etwas Farbe, nicht zuletzt durch die unheimlichen Kulissen und die witzigen Darsteller, von denen einige zu den beständigen »schweren Mädchen« gehörten, wie z. B. Iris Adrian, Gloria Dickson und Marion Martin. Als Königin der Show (und natürlich als potentielles Ziel für den Killer) kann die Stanwyck einige Gesangs- und Tanznummern über die Bühne bringen, ein paar wilde und aufreizende Edith-Head-Kreationen tragen und Witze – wie romantisches Gesäusel – mit dem Chefkomiker Michael O'Shea in der bekannten »Backstage«-Art austauschen.

Barbara Stanwyck errang mit ihrem Ausflug in ein weiteres Rollenfach ihre dritte Oscar-Nominierung – als die amoralische, kaltblütige Mörderin Phyllis Dietrichson in Billy Wilders *Double Indemnity* (»Frau ohne Gewissen«, 1944). Der Film wurde im Herbst 1943 bei Paramount gedreht. Es handelt sich um ein hartes, kompromißloses Kriminaldrama, das von Regisseur Wilder in Zusammenarbeit mit dem Krimiautor Raymond Chandler (der hier sein erstes Drehbuch schrieb) nach dem Roman von James M. Cain bearbeitet wurde. Cain hatte seine Handlung an den berüchtigten Mordfall Snyder-Gray aus dem Jahre 1927 angelehnt, in dem sich eine Ehefrau und ihr Geliebter zusammengetan hatten, um den Ehemann umzubringen, dessen hohe Versicherung sie lockte. Im Film plant die Stanwyck (in einer schulterlangen blonden Perücke, um ihre freche Hartnäckigkeit zu unterstreichen), ihren Mann (Tom Powers), einen Ölhändler, zu beseitigen. Sie macht einen gutaussehenden jungen Versicherungsagenten (Fred MacMurray) in sich verliebt, schließt für ihren Mann eine gegenseitige Lebensversicherungspolice ab und bringt ihn dann zusammen mit MacMurray um. (Sie lassen es nach einem Zugunglück aussehen.) Schuld an dem Fehlschlag ihres Planes ist ein fähiger Revisor (Edward G. Robinson) sowie MacMurrays schließliche Entdeckung, daß er von der betrügerischen Stanwyck hintergangen worden war. Bei dem schrecklichen und gewalttätigen Höhepunkt schießt die Stanwyck auf ihn, während er weiter auf sie zugeht und sie auffordert, noch einmal zu schießen: »Du kannst das doch viel besser.« Doch irgendwie kann sie es nicht. »Du hast mich nie geliebt«, beschuldigt er sie, und sie antwortet: »Ich habe niemals jemanden geliebt ... bis zu diesem Augenblick.« Sie läßt die Hand mit der Pistole sinken, und sie umarmen sich, während er ihr, außerhalb des Kamerawinkels, die Pistole aus der Hand nimmt und zweimal auf *sie* schießt. Als sie in seinen Armen erschlafft, scherzt er in Bogart-Manier: »Goodbye, Baby.«

Das ist das Ende der eiskalten Phyllis Dietrichson, aber nicht das Ende des Filmes. Der Film wird in Rückblenden erzählt. Die Anfangssequenz zeigt den verwundeten MacMurray in seinem Büro, der die schmutzige Geschichte für den Versicherungsmann Robinson in ein Diktaphon beichtet. Nach Barbara Stanwycks Tod sehen wir wieder MacMurray in seinem Büro, der seine Beichte gerade beendet, als Robinson hereinkommt und die Polizei anruft. Die *originale* Arbeitskopie lief weiter und zeigte MacMurray in der Gaskammer, doch das wurde als zu qualvoll für das Publikum von 1944 angesehen, und die Uraufführungsfassung endet kurz vor dieser Schlußnote.

Eigentlich hatte sich Billy Wilder Barbara Stanwyck und George Raft für dieses Paar tödlicher Liebender gewünscht. Doch Raft verlangte Drehbuchänderungen, die Cains Story gefährdet hätten, und so engagierte Wilder einen nervösen MacMurray, den man bis dahin eher aus leichten Komödien kannte. Auch die Stanwyck hatte einige Bedenken, die Rolle einer so durch und durch »Bösen« anzunehmen, obwohl sie

›Double Indemnity‹ – ›Frau ohne Gewissen‹ (1944). Mit Fred MacMurray

das Drehbuch mochte. Schließlich überredete Wilder die beiden zu dem Film, indem er ihnen in getrennten Gesprächen versicherte, daß der andere bereits angebissen hätte. Beide Schauspieler erhielten hervorragende Kritiken. Besonders Barbara Stanwyck hatte nie zuvor eine Figur dargestellt, die so gänzlich ohne jegliches menschliches Gefühl war, so eiskalt und so selbstsüchtig – doch bei aller Kälte einfühlsam genug, um die Schwächen eines Mannes zu erkennen und sie verschlagen und zielsicher für ihre Zwecke auszunutzen.
Der Dialog von Wilder und Chandler ist schnell und hart, hält sich an das Original von Cain und wird von der Stanwyck und Fred MacMurray mit einer Selbstverständlichkeit gebracht, die sie als Profis in solchen Skripts erscheinen läßt. »Ich frage mich, ob ich Sie wirklich richtig verstanden habe«, sagt die Stanwyck bei dem Streitgespräch mit MacMurray bei ihrem ersten Treffen. »I wonder if you wonder«, gibt er zurück. Sie verliert keinen Augenblick und legt ihre Karten auf den Tisch: »Kann ich für ihn (ihren Mann) eine Unfallpolice bekommen, ohne ihn damit überhaupt zu behelligen?« fragt sie MacMurray scheinheilig. Und es dauert nicht lange, bis sie ihn eingefangen und verzaubert hat und er das Leitmotiv von *Double Indemnity* ausspricht: »Nun heißt es du und ich zusammen, bis zum bitteren Ende.«
Wilder sagt: »Der ganze Film war souverän unterspielt und sehr ruhig gemacht. Wenn du etwas hast, das voller Gewalt und Dramatik ist, kannst du es dir nicht leisten, es leicht zu nehmen. Nur wenn du nichts hast, mußt du es ›aufblasen‹, damit die Funken sprühen.« (Charles Higham & Joel Greenberg, *The Celluloid Muse,* Henry Regnery Co., Chicago, Ill., 1969, S. 248) Über Barbara Stanwyck berichtet er: »Sie ist eine der besten Schauspielerinnen, mit denen ich jemals gearbeitet habe. Wir probten auf die Art, wie ich es gewöhnlich tue. Hart. Es gab keine Retakes.« (Ella Smith, *Starring Miss Barbara Stanwyck,* Crown Publishers, Inc., New York, N.Y., 1974, S. 170)
Double Indemnity wurde von den Kritikern in den höchsten Tönen gelobt, von den Leistungen seiner Stars und der Regie bis zu Miklos Rozsas schöner, atmosphärischer Filmmusik

und der fachmännischen Ausleuchtung und Fotografie von John Seitz. Und das Publikum beseitigte Barbara Stanwycks Unbehagen an ihrer Rolle, indem es bewies, daß es sie als eine mörderische Verbrecherin genauso mochte wie in leichten Komödien oder sentimentalen Rührstücken. Sie verlor jedoch den Oscar als beste Schauspielerin an Ingrid Bergman, die ihn für ihre verfolgte Ehefrau in *Gaslight* (›Gaslicht‹, ›Das Haus der Lady Alquist‹) gewann.

Im Jahre 1944 notierte das US-Schatzamt Barbara Stanwyck als die meistverdienende Frau der Nation (über 400.000 Dollar). Überraschenderweise überflügelte sie sogar ihre Rivalin bei Warner Bros., die bisherige Spitzenreiterin Bette Davis. Miß Stanwycks außerordentlicher Einsatz bei der Hollywood Canteen machte ihren Platz in der Liste der Stars (die sich selbst spielen), die in dem Warner-Film von 1944, *Hollywood Canteen,* auftauchten, zu einer Selbstverständlichkeit. Delmer Daves, der Mann, der im Vorjahr den Heimatfrontanstrengungen der Broadwaystars in *Stage Door Canteen* Tribut gezollt hatte, schrieb diesen Film, der praktisch jeden Star und Hauptdarsteller beschäftigte, der zwischen 1943 und 1944 bei Warner Bros. im Studio war, aber es handelte sich hier lediglich um einen selbstzufriedenen Salut des Studios für sich selbst. Oder wie es Bosley Crowther in *The New York Times* ausdrückte: »Dieser Film sieht wie die widerlichste Zurschaustellung von Hollywoods Gefühl für seine Bedeutung aus und davon, was seine Leute alles für ›die Jungs‹ tun.« Doch das Publikum mochte *Hollywood Canteen,* und da seine Einnahmen direkt an die Soldaten gingen, war ein wenig Filmkolonie-Chauvinismus nicht so arg verwerflich.

My Reputation (1946) ist, ungeachtet seines Lebensbeichte-Titels, eine erstklassige Soap Opera und ein Film, den Barbara Stanwyck und ihr Regisseur Curtis Bernhardt zu ihren Lieblingsfilmen zählen. Bernhardt schrieb: »Es war lustig, hauptsächlich weil Barbara ein richtiger Kumpel und ein richtiger Freund ist. Du kannst ihr Wasser über den Kopf schütten oder ihr ein brennendes Streichholz zwischen die Zehen stecken, sie macht mit und lacht. Die Crew mag sie, alle mögen sie.« Der Regisseur erzählt auch, daß Bette Davis,

nachdem sie diesen Film gesehen hatte, Warner Bros. klarmachte, daß Bernhardt die Regie bei ihrem nächsten Film, *A Stolen Life* (»Träumende Augen«), übernehmen müsse.
Catherine Turneys Drehbuch nach dem Roman *Instruct My Sorrows* von Clare Jaynes bot Barbara Stanwyck eine herausfordernde emotionale Rolle von einer Art, die sie bis dahin noch nicht gespielt hatte: eine unterdrückte Frau, die ein behütetes Leben geführt hatte und die nach Jahren einer glücklichen Ehe mit 33 Witwe wird und zwei kleine Söhne aufziehen muß. Es ist nicht die übliche Leinwandfigur, die man sonst in Stanwyck-Filmen antrifft, sondern ein großer Tribut an ihre Schauspielkunst. Sie entwirft ein sensibles und angemessen gebrochenes Porträt einer Frau, die an der Schwelle zur Änderung ihres Lebensstils steht und damit ihre Mutter schockiert, die Nachbarschaft empört und ihre Söhne demütigt – obwohl das nie in ihrer Absicht lag.
Obwohl sie leise spricht und etwas introvertiert wirkt, entwickelt diese attraktive junge Witwe Reserven an Stärke, die sie in einer Krise bestehen lassen. Sie rettet sich vor ihrer aufdringlichen Mutter (Lucile Watson) und einem Beinahe-Zusammenbruch mit der Hilfe ihrer besten Freunde (Eve Arden und John Ridgely) und fährt mit ihnen zu einer Berghütte am Lake Tahoe. Dort trifft sie beim Skilaufen einen höflichen Soldaten auf Urlaub (George Brent), dessen direkten Annäherungsversuch sie abweist, obwohl sie sich nach dieser Art Aufmerksamkeit sehnt.
Als sich, so kurz nach dem Ableben ihres Mannes, zwischen ihnen eine Beziehung entwickelt, geht das üble Gerede durch die ganze Stadt, bis auch ihre Söhne durch das ganze Geschwätz gedemütigt werden. Auf einer Silvesterparty, an der die Lästermäuler teilnehmen, packt sie den sprichwörtlichen Stier bei den Hörnern und verblüfft ihre »Freunde«, indem sie Brent kühn vorstellt. In einer Gegenüberstellung mit der Gastgeberin (Leona Maricle) verlangt sie eine Abrechnung. »Warum sind Sie überhaupt hierher gekommen?« fragt die Frau. »Weil ich«, antwortet die Stanwyck, »immer noch feige genug war, meinen Ruf retten zu wollen.« Und sie geht triumphierend mit Brent weg.

›My Reputation‹ (1946). Mit Lucile Watson

Der Höhepunkt wird erreicht, als Miß Stanwyck, die mit Brent nach New York zu fahren beabsichtigt, bevor er nach Übersee eingeschifft wird, ihren Plan ändert, da ihre Söhne zum Haus der Großmutter weggelaufen sind. Sie erkennt, daß sie diesen Verlust nicht riskieren kann, und versöhnt sich mit den Jungen. Sie bekommt jedoch schließlich, in der besten Hollywood-Tradition, von beiden Seiten das Ersehnte. Sie trifft Brent auf dem Bahnhof, um ihm ihre Lage zu erklären, und erfährt dort, daß er zurückkommen und sie heiraten will, nachdem er seinen Dienst abgeleistet hat. Als sein Zug den Bahnhof verläßt, geht sie zuversichtlich weg, die Augen voller Freudentränen.
Trotz der Rührseligkeit dieses Stoffes schaffen es Autor und Regisseur, die Trivialität mit der Intelligenz ihres handwerklichen Könnens abzuwenden. Die Anstrengungen der gut gewählten Besetzung helfen unermeßlich. Barbara Stanwycks

Konfrontation mit ihren beiden Jungen, nachdem sie von zu Hause weggelaufen sind, ist nur eine von vielen guten Szenen und illustriert die liebevolle Zurückhaltung ihrer Jessica Drummond. Als sie versucht, ihnen ihre Einsamkeit in den vergangenen zwei Jahren zu erklären, in denen ihr verstorbener Mann im Sterben lag, treten langsam leise Spuren ihrer unterdrückten Gefühle an die Oberfläche. Schließlich sagt sie: »Jungs, ich habe Vater verloren, und nun verliere ich Major Landis. Ich werde ihn wahrscheinlich nie wiedersehen. Versucht das bitte zu verstehen«, und ist tapfer bemüht, ihre Gefühle zu unterdrücken. Als die Szene zum sentimentalen Melodram auszuarten droht, schafft es die Stanwyck, sie auf den Boden der Tatsachen zu stellen und sie menschlich und sehr bewegend zu gestalten. Die Figur der Jessica Drummond verlangt Aufrichtigkeit – und die bringt Miß Stanwyck mit einer gut entwickelten Courage, die die Popularität dieses Films an der Kinokasse mit Leichtigkeit erklärt.
Nach der schweren Dramatik von *My Reputation* war sie über die leichtbeschwingte Fröhlichkeit von *Christmas in Connecticut* (1945) erleichtert, dem ersten von drei Filmen mit dem englischen Regisseur Peter Godfrey. In dieser liebenswürdig inkonsequenten Farce verleiht die Stanwyck der Rolle einer wenig häuslichen Kolumnistin einer Hausmütterchen-Zeitschrift, die gezwungen wird, ein »Heimchen am Herd« (komplett mit geborgtem Connecticut-Farmhaus und Baby) für einen genesenden Matrosen (Dennis Morgan) an Weihnachten zu spielen, ihre übliche Ausdruckskraft und Energie. Es ist ein unmoralischer Reklametrick, der natürlich auf sie zurückschlägt, als die beiden sich wirklich verlieben. Schließlich wird sie aus der Verbindung mit einem anderen (Reginald Gardiner) befreit, ihr Schwindel wird aufgeklärt – und sie schafft es, ein köstliches Festtagsessen zu fabrizieren (mit der heimlichen Hilfe von Küchenchef S. Z. »Cuddles« Sakall).
Die Kritiker nahmen den Film weitgehend ungünstig auf. Manche hielten sogar die Handlung dieses unnatürlichen Lionel Houser-Adele Comandini-Drehbuchs für mehr als nur etwas zynisch und die Darstellung für gefühllos und wi-

derwärtig. Auch war nicht jeder von Barbara Stanwycks munteren Anstrengungen begeistert, eine nachgemachte Hausfrau zu porträtieren. *Christmas in Connecticut* ist wirklich kein typischer Stanwyck-Film, und es dauert gut 20 Minuten, bis sie erstmals die Szene betritt. Der meiste Humor ihrer Rolle entsteht aus ihrer Ungeschicklichkeit mit Haushaltsgeräten, die sie angeblich im Schlaf beherrscht.

Christmas in Connecticut wurde nach *My Reputation* gedreht, jedoch sieben Monate früher herausgebracht, und verschaffte den Kinogängern von 1945, die begierig waren, der deprimierenden Wirklichkeit des Zweiten Weltkrieges zu entfliehen, anachronistischerweise ein nettes *Sommer*-Vergnügen. Im November dieses Jahres wurde Robert Taylor ehrenhaft aus der Marine entlassen und kehrte zurück, um seine Karriere bei MGM wieder aufzunehmen. Er spielte den unheim-

›Christmas in Connecticut‹ (1945). Mit Dennis Morgan und einem unidentifizierten Kind

lichen Ehemann einer furchtsamen Katherine Hepburn in dem Kriminaldrama *Undercurrent* (»Der unbekannte Geliebte«).

Bei Warner Bros. mußte Barbara Stanwyck mit ihrem eigenen Thriller über eine bedrohte Ehefrau fertig werden – *The Two Mrs. Carrolls* (»Die zwei Mrs. Carrolls«), und zwar neben einem ungemütlich geheimnisvollen Humphrey Bogart. Unter Peter Godfreys Regie wurde Thomas Jobs Adaptation von Martin Vales Bühnenstück für Elisabeth Bergner zu einer offensichtlichen Spannungsgeschichte über einen depressiven Maler (Bogart), der eine zweite Frau (Stanwyck) umwirbt und heiratet, dann anfängt, sie langsam auf dieselbe Weise zu vergiften, wie er seine *erste* Frau umgebracht hat, während eine zukünftige *dritte* Frau (Alexis Smith) bereits triumphierend wartet. Frau Nummer zwei hat die große Erleuchtung, als sie in das versperrte Studio ihres Mannes eindringt und sich auf einem sorgfältig bewachten Gemälde von sich als »Engel des Todes« dargestellt sieht. Dann verspürt Miß Stanwyck die Furcht der Verdammten, während die Schatten des Regens über die Leinwand fließen und Franz Waxmans Musik erklingt. In dem wild-dramatischen Finale bricht Bogart durch ein Fenster in ihr verschlossenes Schlafzimmer ein, nur um augenblicklich von einer pistolenschwingenden Stanwyck in Schach gehalten zu werden. Doch er kann sie bald mit einer Vorhangkordel überwältigen – und stranguliert sie beinahe. Im letzten Augenblick taucht sodann Miß Stanwycks treuer alter Freund (Pat O'Moore) auf, die Polizei dringt ein und rettet sie für das Schlußbild.

Nichts an *The Two Mrs. Carrolls* ist auch nur für einen Augenblick glaubhaft, weder die falsche englische Dorf-Atmosphäre (voller klingender Kirchturmglocken und stürmischem Wetter) noch das wenig inspirierte Spiel der Stars und der Nebenbesetzung des Films (Alexis Smiths erstaunlich aggressive »andere Frau« und die äußerst unangenehm frühreife Ann Carter als Bogarts mutterloses Kind). Offensichtlich wußten die Gebrüder Warner nicht so richtig, was sie mit *The Two Mrs. Carrolls* anfangen sollten – was die späte Erstaufführung von 1947 erklären könnte. In der Zwischenzeit hatte

›The Two Mrs. Carrolls‹ – ›Die zwei Mrs. Carrolls‹ (1947). Als Sally Carroll

Barbara Stanwyck nicht weniger als vier andere Filme fertiggestellt.
Sie filmte nun fast ohne Pause. Wieder bei Paramount nahm sie ihre (bis heute) letzte Komödie in Angriff, *The Bride Wore Boots* (1946). Der Grund für diese Zurückhaltung: Sie konnte kein lohnendes Drehbuch finden. Nicht daß *The Bride Wore Boots* besonders lohnend gewesen wäre: Die Story war zuerst als eine Broadway-Pleite mit nur 24 Vorstellungen aufgetaucht. Das Stück *The Odds on Mrs. Oakley* von Harry Segall handelte von einem verheirateten Paar, das sich trennt, sich aber weiterhin ein Rennpferd mitsamt den einlaufenden Gewinnen teilt. Dwight Mitchell Wileys Drehbuch betont die Leere, die sich zwischen einer Frau, die Pferde gerne hat, und einem Ehemann (Robert Cummings), der sie nicht mag, ergeben hat. Das Ganze ist ein ausgedehnter

Kampf der Geschlechter, bis der Ehemann sich selbst dazu bringt, einen alten Gaul zu besteigen und mit ihm zum Sieg zu reiten. Auf diese Weise gewinnt er seine Frau zurück – und eine Trophäe. Diana Lynn und Patric Knowles liefern die obligatorischen (unschuldigen) außerehelichen Interessensgebiete für beide Partner, und Regisseur Irving Pichel, immer schon mehr zu Hause beim Drama, lockerte das Skript mit Scherzen auf, um die Handlung in Bewegung und lebendig zu halten. Doch das Endergebnis ist unbedeutend.

Immer noch bei Paramount kehrte Barbara Stanwyck nun zu dem Genre der erbarmungslosen Verbrecherin aus *Double Indemnity* zurück und agierte in einer Hal-Wallis-Produktion mit dem Titel *The Strange Love of Martha Ivers* (»Die seltsame Liebe der Martha Ivers«, 1946). Unter der Regie von Lewis Milestone, der Wallis mit seinem Kriegsfilm *A Walk in the Sun* (»Landung in Salerno«) beeindruckt hatte, befaßte sich diese bittere, unwiderstehliche Story mit Leidenschaft

und Gewalt in einer kleinen Stadt im Mittelwesten. Das glänzende Melodram drehte sich um eine lasterhafte herrschsüchtige Frau (Miß Stanwyck bei einem erfolgreichen Einbruch in Bette-Davis-Territorium), ihren labilen trunksüchtigen Mann (Kirk Douglas in einem uncharakteristischen Filmdebüt) und die Jugendliebe der Frau (Van Heflin), der sich erst seit kurzem wieder in der Stadt aufhält.
Das interessante Drehbuch von Robert Rossen durchlief einige frühe Titeländerungen wie *Bleeding Heart* und *Love Lies Bleeding* und lieferte als *The Strange Love of Martha Ivers* eine seltsam faszinierende Studie über unangenehme Leute, deren einzelne Leben in einer Atmosphäre voller Habgier, Korruption und Mord miteinander verflochten werden. In den Anfangsszenen des Films sind die Figuren von Stanwyck und Douglas jugendliche Partner beim Mord

Links: ›The Bride Wore Boots‹ (1946). Mit Charles D. Brown, Peggy Wood, Gregory Muradian, Natalie Wood, Richard Gaines und Robert Cummings

Rechts: ›The Strange Love of Marthy Ivers‹ – ›Die seltsame Liebe der Martha Ivers‹ (1946). Mit Van Heflin und Kirk Douglas

an ihrer reichen Tante (Judith Anderson). Noch Jahre später bewahren sie ihr Verbrechen als Geheimnis, obwohl sie glauben, daß ihr bester Freund (Heflin), der die Stadt in jener Nacht verließ, Zeuge der Tat war. (Tatsächlich weiß er nichts von ihrer Schuld, und erst bei der Auseinandersetzung zwischen Heflin und Stanwyck merkt sie, daß er bis zu diesem Augenblick nicht gewußt hatte, daß sie ihre Tante umgebracht hat!)

Der Hauptteil der Geschichte befaßt sich mit den wenigen Tagen nach der Rückkehr des erwachsenen Heflin nach Iverstown, wo er wieder in das Leben von Miß Stanwyck verwickelt wird, die nun die reiche Besitzerin der Hauptindustrie der Stadt ist, und in das von Douglas, den sie nur geheiratet hat, um sich seines Schweigens über ihr Verbrechen zu versichern, und der nun für das Amt des Bürgermeisters kandidiert. Vor dem Ende des Films wird Heflin in ihr elendes Leben verstrickt, beinahe von Strolchen umgebracht, die Douglas angeheuert hatte, um ihn einzuschüchtern, und von einer kalt verführerischen Stanwyck als sexuelles Spielzeug benutzt, die ihn genauso schnell töten wie küssen würde. Es ist ein angespannter Kampf um die geistige Überlegenheit zwischen diesen beiden ebenbürtigen Menschen.

Später schüttet ihm die Stanwyck auf einer Hügelkuppe, wo sie geparkt haben, ihr kaltes Herz aus: »Wenn du nur nicht die Stadt verlassen hättest! Ich konnte mich an niemanden wenden. Es wäre so ganz anders gewesen, wenn du nicht weggelaufen wärst.« Als sie entdeckt, daß er gerade erst die Wahrheit über den Tod ihrer Tante erfahren hat, attackiert sie ihn wild mit einem brennenden Stock, doch er biegt ihren Arm zurück, und sie küssen sich. An keiner anderen Stelle im Film wird Martha Ivers tödlich ambivalente Persönlichkeit besser deutlich. Besessen von der Idee, den nutzlosen Douglas loszuwerden, um Platz für eine Zukunft mit Heflin zu schaffen, drängt sie schließlich Heflin, ihren Mann zu töten, bevor er sich von einem Sturz über ihre geschwungene Treppe erholen kann, den er im Rausch getan hat. Heflin wendet sich erbittert von ihr ab (»Du bist so krank, daß du nicht einmal mehr den Unterschied zwischen Recht und Unrecht er-

›The Strange Love of Marthy Ivers‹ – ›Die seltsame Liebe der Martha Ivers‹ (1946). Mit Van Heflin und Kirk Douglas

kennst«), geht, ihre Drohung, ihn zu erschießen, ignorierend, aus ihrem Leben und sagt abschließend: »Du tust mir leid – ihr beide tut mir leid.«

Angesichts der Entdeckung eines Mordes, an dem sie vor 18 Jahren beteiligt waren, lösen Stanwyck und Douglas ihre Probleme mit einem Doppelselbstmord, während Heflin mit Lizabeth Scott davonzieht, die sich attraktiv am Rande dieser schmutzigen Geschichte herumgetrieben hatte.

Dank einer geschickten Zusammenarbeit von Drehbuchautor und Regisseur erweist sich dieses unwahrscheinliche Melodram bis zu seinem Finale mit den zwei Schüssen als ziemlich ergreifend. Ein Kritiker nannte Barbara Stanwycks Martha »eine doppelt so hartgesottene, wollüstige Hexe wie in

Double Indemnity« und pries auch Heflin für seine Darstellung, seine erste nach dem Kriegsdienst.

Barbara Stanwyck wandte sich nun, nachdem sie sich mit dieser Darstellung von grausamer Gemeinheit womöglich selbst übertroffen hatte, mit *California* (»California«, 1947) dem Western zu. *California* war ihr erster Farbfilm und zeigte sie als eine zynische, pokerspielende Saloonsängerin und Abenteurerin des alten Westens, die in den Goldrausch-Tagen von 1849 in dem Abenteurer Ray Milland einen ebenbürtigen Mann findet. John Farrow führte bei diesem kostspieligen, schlagkräftigen Film Regie und betonte die handgreiflichen Aspekte des Frank Butler-Theodore Strauss-Drehbuchs.

Der Grundton des Films wird durch Miß Stanwyck und ihren köstlichen »Auftritt« angegeben, wenn sie aus ihrem Hotel von den »anständigeren« Ladies hinausgeschmissen wird und mit Sack und Pack in einer Drecklache landet. »Danke«, erwidert sie mit zusammengebissenen Zähnen seelenruhig und gönnt keinem den Triumph, sie besiegt zu sehen. Bei ihrer nachfolgenden Liebe-Haß-Beziehung zu dem wenig galanten Milland droht sie, ihn mit dem Gesicht in den Schlamm zu stecken, und wird mit einer harten Ohrfeige belohnt – eine totale Umkehrung der *normalen* Mann-Frau-Szene.

Barbara Stanwyck sieht in ihren zeitgenössischen Edith-Head-Kostümen großartig aus, fühlt sich aber verständlicherweise bei der Darbietung (mit einer synchronisierten Stimme) von zwei mittelklassigen Gesangsnummern von E. Y. Harburg und Earl Robinson, *Lily-Ay-O* und *Goodbye, Said My Heart,* sichtlich unwohl.

Wieder bei Warner spielte sie eine etwas zu alt geratene Nancy Drew in *Cry Wolf* (1947). Regisseur Peter Godfreys unbedeutendes, aber effektvolles Melodram drehte sich um eine geängstigte Heldin mit einer seltsamen Familie auf einem mysteriösen, großräumigen Landsitz, der offensichtlich ein furchtbares Geheimnis birgt. Errol Flynn wirkte als das rätselhafte Oberhaupt dieses Haushalts etwas fehlbesetzt, während Geraldine Brooks die arglistige Neurotikerin spielte, deren frühzeitiger Tod die Aufdeckung ihres eventuellen Wissens verhindert.

Catherine Turneys Adaptation von Marjorie Carletons Roman schafft es kaum, die ungewöhnlichen Ereignisse glaubhaft erscheinen zu lassen, obwohl sich Peter Godfrey, Komponist Franz Waxman und Kameramann Carl Guthrie redlich bemühen, die entsprechende Atmosphäre von Geheimnis und Spannung zu erzeugen. Für die Stanwyck gibt es eine ganze Menge an körperlicher Arbeit. Sie muß über Zäune steigen, mit Speiseaufzügen hinauf und hinunter fahren, auf hohen Dachgiebeln balancieren und durch Dachfenster steigen, um in die darunterliegenden Räume zu springen. In einer Handlung, die Carolyn Keene gerecht würde, gibt es kaum Zeit für Gedanken an Liebe, und trotz Flynns Gegenwart ist es vielleicht ganz gut so. Das Melodram schreitet bis zu seiner unlogischen Schlußlösung fort, ohne sich um den Brauch der romantischeren Filmthriller zu kümmern.

›California‹ – ›California‹ (1947). Mit Ray Milland

Mit diesem Melodram beendete Barbara Stanwyck ihren Vertrag mit Warner Bros. Obwohl sie es durchgesetzt hatte, daß Jack Warner die Rechte an Ayn Rands Roman *The Fountainhead* hauptsächlich wegen ihr erwarb, wurde ihr die begehrte Rolle der ungestümen Dominique Francon in letzter Minute weggenommen, da der Regisseur des Films, King Vidor, der Meinung war, daß Barbara Stanwyck nicht den nötigen Sex-Appeal ausstrahlte – eine Eigenschaft, die Patricia Neal (die die Rolle bekam) zur Genüge besaß. Das war für die Stanwyck eine bittere Pille. Es ist interessant festzustellen, daß diese unsanfte und plötzliche Umbesetzung kurz vor der Karrierenänderung von Warners vormaliger erster dramatischen Schauspielerin Bette Davis stattfand, für die *Beyond the Forest,* Vidors nächster Warner-Film, den Ausschlag gab.

Mit *The Other Love* (1947), einer Enterprise-Studios-Pro-

›Cry Wolf‹ (1947). Mit Errol Flynn und John Ridgely

›The Other Love‹ (1947). Mit David Niven

duktion für United Artists, kehrte Miß Stanwyck in das altbekannte Gleis der Soap Operas zurück. Harry Brown und Ladislas Fodor machten zusammen aus Erich Maria Remarques Kurzgeschichte »Beyond« die finstere Liebesgeschichte einer Konzertpianistin mit Tuberkulose (Stanwyck), die die Liebe ihres Arztes (David Niven) in einem teuren Schweizer Bergsanatorium abweist, als sie den Ernst ihrer Krankheit entdeckt. In der Meinung, er habe nur Mitleid mit ihr, flieht sie nach Monte Carlo zu einem letzten Verhältnis mit einem Playboy (Richard Conte), obwohl sie schließlich zurückkehrt, um ihren Doktor zu heiraten und ihr unabwendbares Ende mit Gelassenheit zu erwarten.

David Lewis' Produktion umgibt ihre Stars mit verschwenderischen Kulissen, und Miklos Rozsas Musik (verbunden mit

›Variety Girl‹ – ›Mädchen für Hollywood‹ (1947). Mit Joan Caulfield

Auswahlstücken der alten Meister) untermalt die romantische Atmosphäre. Der Film unter der Regie von André de Toth wirkt sehr überladen und nichtssagend, und Barbara Stanwyck kann einen irgendwie nicht davon überzeugen, daß sie an einer gefürchteten Krankheit stirbt. Diese moderne Kameliendame tritt einfach ein bißchen zu gesund und energiegeladen auf, um diesem Husten zu erliegen. Die Besetzung strengt sich redlich an, doch *The Other Love* klingt einfach nicht echt.

Bei Paramount trat Barbara Stanwyck kurz als sie selbst in *Variety Girl*(»Mädchen für Hollywood«, 1947) auf, neben ihr fast alle anderen Studiostars und Vertragsschauspieler. Dieser Film ist ein schmeichlerisch gestalteter Tribut an die philanthropische Arbeit des Variety Club für die unterprivilegierten Jugendlichen. Die Stanwyck erklärt in ihrer Szene ziemlich zu Anfang des Films Joan Caulfield, wie der Variety Club ursprünglich angefangen hatte.

Im Jahre 1947 fuhren sie und Taylor auf einen dringend nötigen Urlaub nach Europa (einige sagten, es sei ein Versuch,

›B. F.'s Daughter‹ (1948). Mit Van Heflin

eheliche Probleme zu meistern). Als sie zurückkehrten, meldete sich Barbara Stanwyck bei MGM für *B. F.'s Daughter* zur Arbeit, einer Bearbeitung von Luther Davis nach J. P. Marquands Roman. In dieser Geschichte über die Tochter eines Großmagnaten, deren Reichtum und deren halsstarrige Natur ihr Liebesleben zerstörten, spielte die Stanwyck unter Robert Z. Leonard, der lange zu den Lieblingsregisseuren Norma Shearers zählte. Für diesen Film und um mit der Zeit zu gehen, ließ sich Barbara Stanwyck ihr schulterlanges Haar zu einem gut modellierten Bubikopf in der Art schneiden, wie ihn Norma Shearer in den letzten Jahren ihrer Karriere getragen hatte. Sie weigerte sich jedoch, die Farbe ihres Haares zu ändern, das, im Alter von 40 Jahren, bereits zunehmend graue Strähnen aufwies.

In *B. F.'s Daughter* spielte Miß Stanwyck eine energische Frau, die mit einem Grübler (Van Heflin) verheiratet ist, der bemerkt, daß seine Frau versucht, ihn zu einem Menschen ihrer und der eigenwilligen Art ihres Vaters (Charles Coburn) umzumodeln. Obwohl der Film in den Jahren der Depression spielen sollte, war davon in der New-Look-Garderobe für den Star kaum etwas zu bemerken. Er war poliert, chic und ziemlich nichtssagend, obwohl die hervorragende Besetzung das Ergebnis besser aussehen ließ, als es war. Doch die Kritikergilde war davon nicht besonders beeindruckt.

Wieder bei Paramount, war Barbara Stanwyck mit *Sorry, Wrong Number* (»Du lebst noch 105 Minuten«, »Der Täter meldet sich«) weitaus besser bedient. Lucille Fletcher hatte ihr berühmtes Kriminalhörspiel überarbeitet und erweitert, mit dem Agnes Moorehead 1943 eine ihrer besten halben Stunden geliefert bekommen hatte; im Radio war es für seine Hauptakteurin eine Tour de Force gewesen. Die Geschichte drehte sich um eine wohlhabende, bettlägerige Hypochonderin, die bei einer Telefon-Fehlverbindung zufällig zwei Männern zuhört, die den geplanten Mord an einer Frau am gleichen Abend besprechen. Sie ist in ihrer Stadtwohnung in Manhattan völlig alleine, zuerst nur schockiert, dann irritiert, während sie erfolglos versucht, der Telefonfirma und dann der Polizei davon zu erzählen. Ihr Verdruß wird zu Ter-

›Sorry, Wrong Number‹ – ›Du lebst noch 105 Minuten‹, ›Der Täter meldet sich‹ (1948). Mit Burt Lancaster

ror, als sie erkennt, daß die Tatsachen des Mordplanes auf die Identität des Opfers hindeuten – *sie selbst!* Während ihre Verzweiflung wächst, kommt der Mörder immer näher und führt seinen tödlichen Auftrag aus. Als das Telefon des Opfers läutet, nimmt der Killer den Hörer von der Gabel, sagt »Bedaure – falsch verbunden« und hängt ein.
Um aus dieser 22 Minuten langen Geschichte wachsenden Terrors einen 89 Minuten langen Spielfilm zu entwickeln, war ausgedehnte Arbeit erforderlich, und Miß Fletchers Drehbuch, das einige Kritiker nicht befriedigen konnte, fesselte andere mit seinem komplexen Netz aus Story und Per-

sonenverwicklungen, das sie webte, um für den Mordplan einen logischen Hintergrund zu entwerfen. Tatsächlich ist die filmeigene Struktur selbst äußerst knifflig, da ein Vorfall zu einer Rückblende innerhalb einer Rückblende führt. Diese ganze, ziemlich schwerfällige Erklärung wird von Regisseur Anatole Litvak interessant wiedergegeben. Er verliert niemals die Kontrolle über seine ausgedehnten Handlungsdetails und baut die erforderliche Spannung immer weiter auf. Obwohl Barbara Stanwyck ihre meiste Zeit auf der Leinwand im Bett mit dem Telefon verbringt, erzählen uns viele Szenen aus der Vergangenheit der Personen über die selbstsüchtige und neurotische Dominanz der Frau über ihren ungeschliffenen Ehemann (Burt Lancaster), dem sie im ausgedehnten Arzneimittel-Imperium ihres Vaters einen sicheren Arbeitsplatz verschafft hat. Im Gegensatz zum Hörspiel ist diese Frau hier kaum sympathisch, deshalb kann Miß Stanwyck kaum etwas tun, damit man Anteil an ihrem Schicksal nimmt. Statt dessen muß sie die allmähliche Wandlung der Frau, von anfänglichem Schock beim Anhören eines Mordplans zu übermäßiger Frustration und anwachsender Angst herausarbeiten, als sie erfährt, daß ihr verzweifelter Mann Leute angeheuert hat, um sie wegen des Versicherungsgeldes umzubringen, das er zur Tilgung seiner Schulden bei einer Verbrecherbande benötigt. In einem ironischen Schluß, den Miß Fletcher für den Film erdacht hat, erfahren wir, daß die Umstände es nicht mehr länger erfordern, daß die Frau ermordet wird. Doch zu dem Zeitpunkt, da der Ehemann sie am Telefon erreicht und sie ihn darüber informiert, ist es bereits zu spät, um den Mord zu verhindern. Und der Film endet genauso wie das Rundfunkskript.

Sorry, Wrong Number hat es vom Thema her nicht leicht mit dem Erfolg, doch Litvak bringt den Film gut über die Bühne und wird von den stimmungsvollen Schauplätzen, Sol Politos schwermütiger Fotografie, Georg Whites scharfer Schnitttechnik und der Hintergrundmusik von Franz Waxman wirkungsvoll unterstützt. Im Gegensatz zu Agnes Mooreheads Darstellung ist Barbara Stanwyck oft nicht im Bild, während die Kamera andere Aspekte der verzweigten Handlung er-

›Sorry, Wrong Number‹ – ›Du lebst noch 105 Minuten‹, ›Der Täter meldet sich‹ (1948). Als Leona Stevenson

forscht. Doch wenn die Stanwyck im Bild ist, ist sie makellos. Ihre besten Szenen sind die, in denen der Film dem Hörspiel am nächsten kommt, wenn sie den wachsenden Horror einer reizbaren Neurotikerin ausdrucksvoll übermittelt, deren Ärger zu berechtigter Angst und dann Verzweiflung wird. Für diese Szenen ließ Litvak sehr überlegt der Stanwyck die Wahl, ob sie die nötigen zwölf Tage in der Schlafzimmerdekoration auf einmal – in der richtigen Reihenfolge – drehen wollte oder, um es ihr einfacher zu machen, sie mit ihren anderen Szenen abzuwechseln. Sie zog die erste Möglichkeit vor, was der Überzeugungskraft zugute kam, mit der sie darstellt, wie sie allmählich von gelangweilter, fast gepflegter Entrüstung, erlebt in einer ungewöhnlichen Nacht allein in der Sommerhitze, zu zerzaustem Terror fortschreitet, wenn die Furcht ihr Adrenalin aktiviert und ihre Sorge um Tabletten und Medikamente ersetzt, die sie für ihre eingebildete »Herzkrankheit« schluckt.

Die Kritiker fanden für ihre Darstellung großes Lob und wiesen besonders auf ihren qualvollen Kampf mit dem Telefon hin. Sie wurde zum vierten (und bis heute letzten) Mal für einen Oscar nominiert, doch wieder ging der Akademiepreis an eine andere – an Jane Wyman für ihr ergreifendes Porträt der Taubstummen in *Johnny Belinda* (»Schweigende Lippen«). Zwei Jahre später wiederholte Barbara Stanwyck selbst *Sorry, Wrong Number* für eine einstündige Live-Übertragung aus dem *Lux Radio Theatre.* Eine Fernsehfassung von 1954 war beträchtlich erfolgloser und sah Shelley Winters als eine so unangenehme Hypochonderin, daß ihr drohendes Ableben keinen Augenblick zu früh kam.

In ihrem nächsten Film, ursprünglich *The Gambling Lady* betitelt, obwohl er sonst keine Ähnlichkeit mit ihrem gleichlautenden Warner-Film von 1934 hatte, wurde von Barbara Stanwyck eine andere Art von emotionaler Ausarbeitung verlangt. Dieses Universal-International-Melodram, das schließlich *The Lady Gambles* (»Spielfieber«) genannt wurde, zeigte sie als die glücklich verheiratete Frau eines Zeitungsmannes, deren Spielleidenschaft ihre Ehe mit Robert Preston zerstört, sie zu einem »B-Girl« in heruntergekomme-

›The Lady Gambles‹ – ›Spielfieber‹ (1949). Mit Stephen McNally

nen Casinos reduziert und schließlich zu einem Ambulanzfall in einer Unfallklinik werden läßt, nachdem sie bei einem Hinterhof-Würfelspiel zusammengeschlagen wurde. Ihr Mann wird benachrichtigt, und nach einem erfolglosen Selbstmordversuch scheint die Ex-Spielerin bereit für eine schönere Zukunft zu sein.

Barbara Stanwyck spielt diese fordernde Rolle mit ganzer Hingabe und ist, im Gegensatz zu ihrer bedrohten Kranken in *Sorry, Wrong Number,* in *The Lady Gambles* (»Spielfieber«) nie lange aus dem Bild. Miß Stanwyck mußte sich mit einem Drehbuch von Roy Huggins auseinandersetzen, das einige skizzenhafte freudianische Erklärungen für ihre Leidenschaft aufwies. Trotzdem widmete sie sich ihrer Rolle mit einer Überzeugung, die die Zuschauer im wesentlichen dazu *zwang,* die Handlung zu glauben, wenn sie nicht beschlossen, nachher das Ganze zu analysieren. Regisseur Michael Gordon bringt es mit Hilfe einiger authentischer Schauplätze in Las Vegas fertig, *The Lady Gambles* (»Spielfieber«) ein paar Stufen über dem durchschnittlichen psychologischen Rührstück zu halten, und wird dabei in hohem Maße unterstützt von der gleichmäßigen Darstellung von Stephen McNally als dem aalglatten Profispieler, der Miß Stanwycks ursprünglichen Hang zum Roulette bestärkt, von Edith Barrett als ihrer klettenhaften älteren Schwester und von John Hoyt als zynischen Doktor, der ihr den Lebenswillen zurückgibt. Stanwycks Arbeit erhielt hervorragende Kritiken, und ein Kritiker verglich ihre Darstellung des Spielfiebers sogar mit Ray Millands Kampf mit der Flasche in *The Lost Weekend* (»Das verlorene Wochenende«).

Die mittleren Jahre: Lauwarmes und Alltägliches

Barbara Stanwyck verbrachte den Großteil des Jahres 1949 vor den Kameras von MGM und Paramount.
In *Thelma Jordan* (auch bekannt als *The File on Thelma Jordan* – »Strafsache Thelma Jordan«) ist sie wieder in ein Verbrechen verwickelt. Miß Stanwyck spielt eine Räuberin, die einen naiven Staatsanwaltsassistenten (Wendell Corey) in einen schwierigen Fall von Mord und Betrug verstrickt (sie hat ihre reiche Tante getötet). Das schwülstige Drehbuch von Ketti Frings verlangte von der Stanwyck, daß sie das Publikum davon überzeugte, sie könne gleichzeitig die Puppe eines Gangsters und die Freundin einer reichen alten Jungfer sein, und ließ sie dann die großartige Eröffnung machen, daß sie tatsächlich eine schizoide Mörderin sei. Und obwohl sie sich als richtiger Profi von ganzem Herzen anstrengte, war die Aufgabe für sie genauso unlösbar wie für Regisseur Robert Siodmak, aus einer dummen und unwahrscheinlichen Handlung Action und Spannung zu erzeugen. Paramount schob *Thelma Jordan* für einige Zeit auf die lange Bank, und als der Film schließlich Anfang 1950 auftauchte, verschwand er ziemlich schnell wieder.
Für Paramounts *No Man of Her Own* (»Entgleist«; keine Ähnlichkeit mit dem Clark Gable-Caroll Lombard-Film gleichen Titels von 1932, ebenfalls von Paramount) arbeitete Barbara Stanwyck wieder mit Mitchell Leisen zusammen. Dieses Mal war es eine Geschichte, die meilenweit von ihrem *Remember the Night* (»Die unvergeßliche Nacht«) entfernt war. Wenn bereits sein Titel nach Soap Opera riecht, so bietet *No Man of Her Own* doch wenigstens der Stanwyck genügend Möglichkeiten, im Stil von Joan Crawford und Bette Davis zu leiden. Sie spielt Helen Ferguson, die schwangere, aber unverheiratete Freundin des Gangsters Lyle Bettger (in seinem Filmdebüt), der sie zurückweist. Sie wird in ein Zugunglück verwickelt und übernimmt die Identität von Patrice

›Thelma Jordan‹ – ›Strafsache Thelma Jordan‹ (1950). Mit Wendell Corey

Harkness, der Witwe eines toten Kriegshelden, die bei dem Unfall getötet wurde. Miß Stanwyck ergreift die Gelegenheit, eine tote Frau zu verkörpern, und da die Schwiegereltern nie ihre Schwiegertochter kennengelernt hatten, kann sie erfolgreich ein neues Leben aufbauen. Schließlich verliebt sie sich in den Schwager des toten Mädchens (John Lund). Ihr Glück endet jedoch, als Bettger auftaucht, den Betrug erkennt und versucht, sie zu erpressen. Nach viel Ärger für die Hauptdarsteller wird dieser Schuft getötet (von einer anderen Frau) und gibt damit den Weg zu einem Happy-End frei.

Die Basis für diese Entfaltung von unheimlichem Melodram (während der Produktion als *The Lie* bekannt) ist ein Roman von William Irish mit dem Titel *I Married a Dead Man*. Obwohl Sally Benson und Catherine Turney sich den Filmruhm teilen – und der Wucht des Tadels für die Überfülle des Films an Zufällen und Klischees ausgesetzt sind –, verriet Regisseur Leisen später, daß das meiste an der Arbeit ihm zuzuschreiben war, während Turneys Arbeit nur in den Eröffnungsszenen auftauchte. (»Wir haben Sally Bensons Version komplett hinausgeworfen.«)

East Side, West Side (»Verlorenes Spiel«) brachte Barbara Stanwyck wieder zurück in die angenehme Produktionsfalle von MGM. Sie spielte die Hauptrolle in Isobel Lennarts Bearbeitung von Marcia Davenports populärem Roman über Liebe und eheliche Untreue in der New Yorker Gesellschaft. Miß Stanwyck ist die kühle, schöne, aus gutem Hause stammende Frau des Schürzenjägers James Mason, dessen

›No Man of Her Own‹ – ›Entgleist‹ (1950). Mit John Lund

schamlose Affäre mit dem Modell Ava Gardner der Stanwyck große Pein verursacht und sie in die Arme des sympathischen Van Heflin treibt. Regisseur Mervyn LeRoy machte das Beste aus diesem »Frauenfilm« und läßt ihn bedeutend besser erscheinen, als er wirklich ist. Die besten Momente einer sehr gebrochenen und manierlichen Barbara Stanwyck erscheinen in den Szenen mit Van Heflin (ihre Schauspielstile verbinden sich gut) und mit anderen Schauspielerinnen – einer, in der sie Ava Gardner gegenübertritt (die unerwarteterweise der Stanwyck in einem erregenden Austausch kaum unterdrückter Feindseligkeit das Wasser reichen kann), und in einer weiteren, in der sie, wider eigenes besseres Wissen, versucht, ihrer Freundin Nancy Davis (der heutigen Mrs. Reagan) zu versichern, daß ihre Ehe mit Mason nicht in Gefahr ist.

›East Side, West Side‹ – ›Verlorenes Spiel‹ (1949). Mit Ava Gardner

›The Furies‹ – ›Die Farm der Besessenen‹ (1950). Mit Walter Huston und Judith Anderson

Für *The Furies* (»Die Farm der Besessenen«) kehrte Barbara Stanwyck zu Paramount zurück und trug wieder die blonde Perücke, die zu einer Art Markenzeichen für ihre »Die-schreckt-vor-nichts-zurück«-Rollen wurde. Sie gehörte zu einer hervorragenden Besetzung, die von Walter Huston (in seiner letzten Rolle), Wendell Corey und Judith Anderson angeführt wurde. Es war eine ausgedehnte Freiluftsaga mit freudianischen Untertönen, in der eine willensstarke, unbarmherzige Stanwyck (unter dem aggressiven Namen Vance Jeffords) das Rinderimperium für ihren verwitweten Vater (Huston) regiert – bis sie durch Eifersucht und Rache getrennt werden (sie verabscheut Judith Anderson, die zukünftige neue Frau, die er heimbringt).
Diese Hal-Wallis-Produktion unter der Regie von Anthony Mann war in jeder Hinsicht groß, bis auf eine – sie wurde in altmodischem Schwarzweiß gedreht, was schwer verständ-

›To Please a Lady‹ – ›Tod im Nacken‹ (1950). Mit Clark Gable

lich war, wenn man die farbenreichen Figuren und Drehorte (in der Nähe von Tucson, Arizona) bedenkt. Warum hatte Wallis bei einer Großproduktion im Jahre 1950 gegen Technicolor Einspruch erhoben? Das Drehbuch von Charles Schnee (nach einem Roman von Niven Busch) war für seine Zeit ziemlich erwachsen und erforschte die fast sexuellen Bindungen zwischen Vater und Tochter, deren gemeinsame Stärke zum Fürchten ist, besonders in der Darstellung von Walter Huston und Barbara Stanwyck. (Ihr Respekt voreinander zeigt sich in den gemeinsamen Szenen.) Judith Anderson, immer eine kraftvolle und vitale Schauspielerin, ist für die Stanwyck eine harte Gegnerin im Kampf um die Gunst Hustons. Eine der gefühlsgeladensten Szenen von *The Furies* zeigte eine aufgebrachte Vance, die ihren Vater dadurch befremdet, daß sie die ränkevolle Witwe mit einem gutgezielten Scherenhieb verunstaltet.

Doch der Film hat auch seine romantischen Augenblicke, die unsere unerbittliche Heldin mit zwei Männern zusammenbringen. Ein feuriger mexikanischer Ansiedler (Gilbert Roland) meldet seinen Anspruch auf ihr Land an (und wird von ihrem Vater gehängt), und ein Spieler (Wendell Corey) verbündet sich mit ihr, um ihrem Vater die Ranch wegzunehmen – ein Racheplan, der durch den frühen Tod des alten Mannes durch die Hand der Mutter des Ansiedlers (Blanche Yurka) nicht zur Ausführung gelangt.

Die Idee, Barbara Stanwyck mit Clark Gable in MGMs *To Please a Lady* (»Tod im Nacken«, 1950) auftreten zu lassen – das erste Mal seit *Night Nurse,* 1931 –, war in der Planungsphase interessant, doch im Ergebnis leider enttäuschend. Es war eine romantische Geschichte in der Regie und Produktion des Veteranen Clarence Brown, deren kampflustige Protagonisten eine hartgesottene, kompromißlose Kolumnistin und ein ebenso erbarmungsloser Rennfahrer sind. Ihre abflauende und aufflammende Liebesgeschichte wird von wiederholten Abstechern zur Rennpiste unterbrochen, wo der Film durch eine Überfülle an routinierten Action-Aufnahmen oftmals langweilig wird. Desgleichen konnte ein eher lebhaftes Publikum durch die dummen romantischen

Zwischenspiele des Drehbuchs nur unruhig und ungeduldig werden, obwohl man den Autoren Barré Lyndon und Marge Decker zugute halten muß, daß sie einige bewundernswert schnelle und freche Dialoge lieferten.

Nach diesem Film flog Barbara Stanwyck nach Rom, um Robert Taylor bei den Dreharbeiten zu dem spektakulären *Quo Vadis* (»Quo Vadis«) zu besuchen, dessen langwieriger Produktionsdrehplan ihre längste – und einschneidendste – Trennung seit dem Zweiten Weltkrieg verursachte. Sie war sechs Wochen bei ihm, und man vermutete, daß sie jegliches Problem bereinigt hatten. Doch im Dezember, nach Taylors Rückkehr, gaben sie die folgende gemeinsame Erklärung heraus: »In den vergangenen Jahren sind wir durch berufliche Anforderungen einfach zu oft und zu lange getrennt gewesen. Unsere ehrlichen und wiederholten Bemühungen, unsere Ehe aufrechtzuerhalten, sind gescheitert. Wir sind tief enttäuscht, weil wir unsere Probleme nicht lösen konnten. Wir haben es redlich versucht. Es wird eine kalifornische Scheidung geben. Keiner von uns hat irgendwelche anderweitigen gefühlsmäßigen Bindungen.«

Zu diesem unglücklichen Zeitpunkt ihres Lebens verlangsamte sich die Karriere von Barbara Stanwyck merklich, und zwischen 1951 und 1952 kam nur jeweils ein Film pro Jahr von ihr heraus. *The Man With a Cloak* (1951) ist ein netter kleiner Jahrhundertwende-Thriller um den Plan, einen ältlichen Millionär (Louis Calhern) von seiner Haushälterin (Stanwyck) und seinem Butler (Joe De Santis) ermorden zu lassen. In der bedächtig fortschreitenden Handlung tritt auch die französische Enkelin des alten Mannes (Leslie Caron) und ein rätselhafter Fremder (Joseph Cotten) auf, der vielleicht Edgar Allan Poe sein könnte. Miß Stanwyck hatte in ihren ansehnlichen zeitgenössischen Kostümen von Walter Plunkett und einer dunklen Perücke kaum mehr zu tun, als fesselnd, unheimlich und stattlich zu sein.

Ihre Rückkehr zu RKO für Fritz Langs gefühlsbeladenen *Clash by Night* (»Vor dem neuen Tag«) verlief glücklicher. In dieser Neuaufbereitung von Clifford Odets' Bühnenreinfall von 1941 durch Alfred Hayes übernahm Barbara Stanwyck

›The Man With a Cloak‹ (1951). Mit Margaret Wycherly und Joe De Santis

eine Rolle, die ursprünglich von Tallulah Bankhead gespielt wurde. Sie hatte Paul Douglas und Robert Ryan als Partner – und eine aufsteigende blonde Schauspielerin namens Marilyn Monroe trat in einer Nebenrolle auf.
Miß Stanwycks Rolle in diesem Film gehört zu ihren besten. Sie spielt Mae Doyle, eine zynische, aber frustrierte Frau, die in das kalifornische Fischerdorf ihrer Jugend zurückkehrt, um sich ein Haus mit ihrem Bruder Joe (Keith Andes) zu teilen. »Du kommst nach Hause, wenn du sonst nirgendwo mehr hin kannst«, sagt sie zu Joes Freundin Peggy (Marilyn Monroe). Der bodenständige Fischer Jerry D'Amato (Paul Douglas) macht Mae den Hof und heiratet sie, doch sie fühlt sich zu Karl Pfeiffer (Robert Ryan) hingezogen, einem komplizierten, einschüchternden Weiberfeind. Sie fühlt sich

›Clash by Night‹ – ›Vor dem neuen Tag‹ (1952). Mit Robert Ryan bei Jerry nicht wohl und hat eine Affäre mit Earl, die in einer gewalttätigen Auseinandersetzung zwischen den beiden Männern endet. Schließlich versöhnen sich Mae und Jerry wieder, nachdem es Mae gelernt hat, sich mit ihrem Los zufrieden zu geben.

Barbara Stanwycks Mae ist genauso komplex wie Robert Ryans schlauer, bezaubernder Earl. Sie gestattet es ihren vergangenen Kämpfen mit dem Leben und der Liebe, von Zeit zu Zeit in läuternden Anklängen und Erinnerungen zum Vorschein zu kommen. Für einen Film von 1952 hat *Clash by Night* einige heiße Eisen zu bieten, besonders in der Szene zwischen Stanwyck und Ryan am Morgen danach. Als er dabei ist, Miß Stanwycks Haus zu verlassen, nachdem er am Vorabend auf ihrem Sofa betrunken eingeschlafen war, tritt er auf sie zu, reißt sie in seine Arme und küßt sie heftig. Sie wehrt sich sofort (sie ist jetzt eine verheiratete Frau), doch dann beginnt sie zu reagieren und gibt schließlich jegliche Sorge vor einer Entdeckung auf, während ihre Hände impulsiv unter sein Unterhemd gleiten.

In der Erinnerung an *Clash by Night* berichtet Regisseur Fritz Lang: »Die Arbeit mit Barbara Stanwyck war eines der größten Vergnügen meiner Laufbahn. Sie ist fantastisch, unglaublich, und ich mochte sie wahnsinnig gern. Wenn Marilyn ihren Einsatz oder Text vergaß – was ihr andauernd passierte –, sagte Barbara nie ein Wort.« *Clash by Night* ist ein kraftvolles bedrückendes Drama. Die Reaktion der Kritiker war gemischt, und der Film verdankte seinen Kassenerfolg wahrscheinlich mehr der Anwesenheit von Marilyn Monroe (die trotz ihrer ziemlich kleinen Rolle im Titel sehr groß genannt wurde) als irgendeinem anderen Faktor.

Am 26. Februar 1952, einige Monate vor der Premiere von *Clash by Night,* wurde Barbara Stanwycks Scheidung von Robert Taylor rechtskräftig. Zwei Jahre später heiratete er die deutsche Schauspielerin Ursula Thiess, eine Verbindung, die bis zu seinem Tod 1969 hielt. Bis zum heutigen Tag hat Barbara Stanwyck nicht wieder geheiratet. In einem Interview der *Los Angeles Times* sagte sie 1958: »Ich hatte nicht geheiratet, um mich wieder scheiden zu lassen. Ich habe lan-

›Jeopardy‹ – ›Sekunden der Angst‹ (1953). Mit Barry Sullivan

ge gebraucht, um darüber hinwegzukommen. Ganz anders als bei meiner Scheidung von Fay. Die hatte mich überhaupt nicht mitgenommen. Ich hatte sein Riesenego und alles andere so lange ausgehalten, wie ich konnte.«

Nach der Scheidung zog Barbara Stanwyck aus dem Haus aus, in dem sie zusammen mit Robert Taylor gelebt hatte, und Buck Mack ging mit ihr. Ihr Adoptivsohn Dion diente in der Armee, er war in Deutschland stationiert und heiratete 1957 ein Showgirl aus Las Vegas. Im Laufe der Jahre hat er sich von Miß Stanwyck weit entfernt, und ihre Beziehung ist ein Thema, über das sie heute Stillschweigen bewahrt.

Barbara Stanwyck glich 1953 ihren Mangel an Filmen in den vorhergehenden Jahren aus, indem sie in nicht weniger als fünf Filmen auftrat. Sie kehrte zu MGM zurück und freute sich an der anstrengenden gefühlsbetonten Arbeit bei *Jeopardy* (»Sekunden der Angst«), einer ungewöhnlichen kleinen Spannungsgeschichte unter der Regie von John Sturges, der bei diesem Studio bereits mit *Mystery Street* und *Kind Lady* Punkte gesammelt hatte. Mel Dinellis straffes Drehbuch schöpft seine Spannung aus der Zwangslage von Helen Stilwin (Stanwyck), die mit Ehemann Doug (Barry Sullivan) und Sohn Bobby (Lee Aaker) in Mexiko einen Campingurlaub verbringt. Doug befreit seinen Sohn aus den verfaulten Planken einer verlassenen Mole und verfängt sich selbst darin, als die Flut kommt. Helen fährt los, um Hilfe zu holen, trifft dabei Lawson (Ralph Meeker), einen flüchtigen Sträfling, der sie dazu zwingt, ihn von der verfolgenden Polizei wegzubringen. In dem verzweifelten Versuch, Hilfe für ihren Mann zu bekommen, ist Helen damit einverstanden, ihm die Kleider und den Ausweis ihres Mannes zu überlassen – und sogar sich selbst –, wenn er ihr helfen würde, Doug vor dem drohenden Ertrinken zu retten. Lawson ist einverstanden, und sie kehren zum Strand zurück, wo Doug gerade noch seinen Kopf über Wasser halten kann.

Doug wird befreit, doch erst muß Helen verzweifelt mit Lawson kämpfen, um ihn davon abzuhalten, mit dem Ausweis ihres Mannes zu verschwinden. Lawson bewundert Helens Mut zutiefst und geht von allein.

Links: ›All I Desire‹ – ›All meine Sehnsucht‹ (1953). Als Naomi Murdoch

Rechts: ›Titanic‹ – ›Untergang der »Titanic«‹ (1953). Mit Robert Wagner, Audrey Dalton, Allyn Joslyn, Harper Carter, Clifton Webb und Charles Fitzsimmons

Die Melodramatik der Story wird von Sturges' temporeicher Regie so gut gehandhabt, daß er den Film nach nur 69 Minuten Laufzeit beenden kann, ohne dem Publikum auch nur eine einzige Minute Langeweile zu gönnen. Sturges sagt über Barbara Stanwyck: »Mit Missy einen Film zu drehen, ist eine so stimulierende und produktive Erfahrung, wie man es sich kaum besser vorstellen kann.« *Jeopardy,* ein Film, für den MGM kaum Hoffnungen hegte, erhielt einige sehr unterschiedliche Besprechungen und wurde zu einem »Geheimtip« an den Kinokassen.
Wieder bei Universal, stieg Barbara Stanwyck in ein Kostüm und spielte in *All I Desire* (»All meine Sehnsucht«) Naomi Murdoch, eine gefallene Frau mit einem guten Herzen. Das Drehbuch von James Gunn und Robert Blees war eine Bear-

beitung von Carol Ryrie Brinks Kurzgeschichte *Stopover.* In diesem von Douglas Sirk inszenierten Kostüm-Rührstück spielte sie eine Mutter, die nach einer peinlichen Affäre mit einem anderen Mann (Lyle Bettger) vor zehn Jahren die Kleinstadt, ihren Mann (Richard Carlson), einen Lehrer, und ihre drei kleinen Kinder verlassen hatte, um eine Karriere auf der Bühne zu starten. Nun ist sie für einen kurzen Besuch zurückgekehrt, um ihre jüngste Tochter (Lori Nelson) in der Abschlußaufführung der Schule zu sehen. Da Naomis Rückkehr unerwartete Gefühle für den fremdgewordenen Ehemann ebenso wie ungewollte Aufmerksamkeiten ihres früheren Geliebten aufrührt, gibt es eine Menge Tränen und Seelenkummer, bevor das Ende aufscheint, bei dem es ganz so aussieht, als wollte Naomi ihre ungewisse Karriere im Showgeschäft aufgeben, um wieder ihr früheres Leben als Frau und Mutter aufzunehmen. (Im Buch kehrt Naomi zu ihrem Traumberuf zurück.)

All I Desire ist ein bescheidener Programmfilm, der für das

weibliche Publikum entworfen wurde, von dem die Produzenten inzwischen wußten, daß es den größeren Anteil an Miß Stanwycks Fans stellte. Ross Hunters Produktionssumme war ziemlich ansehnlich (und das noch vor seinen aufpolierten Technicolor-Remakes vergangener Erfolgsfilme), und das galt auch seiner Besetzung. Doch angesichts der Klischees dieser Adaptation und des geänderten Schlusses blieb es Barbara Stanwycks bodenständiger Interpretation einer »schlechten« Frau, die zu einer »guten« wird, überlassen, den Film gut über die Bühne zu bringen.
20th Century-Fox gelang mit *Titanic* (»Untergang der ›Titanic‹«, 1953) eher eine erfolgreiche Neuaufbereitung eines historischen Ereignisses als eine eigenständige Geschichte, obwohl die Besetzungsliste eine Anzahl hervorragender Darsteller aufwies. Man sah vorzügliche Leistungen von Barbara Stanwyck und Clifton Webb (als ein gesellschaftlich prominentes Paar, das am Rand der Scheidung steht), wie auch von Thelma Ritter (in einer Kreation von 1912) erstaunlich herausgeputzt, Richard Basehart, Brian Aherne und Robert Wagner. Diese spektakuläre Charles-Brackett-Produktion besteht aus vielen miteinander verknüpften kleinen Dramen und liegt bei Regisseur Jean Negulesco in guten Händen, denn es gelingt ihm, Spannung zu erzeugen und zu erhalten, obwohl fast das ganze Publikum bereits das tragische Schicksal des Schiffes und seiner Passagiere kennt. Infolgedessen verdankt *Titanic* dem Drehbuch von Charles Brackett, Walter Reisch und Richard Breen eine ganze Menge, die Autoren wurden dafür mit dem Oscar belohnt. Doch der fast erschreckende Realismus des Films ist auch ein Beweis für das Können der künstlerischen Leiter Lyle Wheeler und Maurice Ransford, die das Schiff und die drohenden Eisberge im Freilufttank des Studios nachbauten. Die Arbeit an den letzten Fluchtszenen auf dem gekenterten sinkenden Schiff war nicht einfach. Barbara Stanwyck erinnert sich, 15 Meter hoch in der Luft in einem Rettungsboot geschwankt zu haben, während Menschenmassen unter ihr im bewegten Wasser schwammen – und das alles in einer eisig kalten Nacht: »Ich dachte an die Männer und Frauen, die das alles wirklich

›Blowing Wild‹ – ›Wilde Glut‹, ›Jeff‹ (1953). Mit Gary Cooper

durchgemacht hatten. Wir rekonstruierten eine wirkliche Tragödie, und ich brach in Tränen aus. Ich wurde von quälenden Schluchzern geschüttelt und konnte nicht aufhören.«
Für *Blowing Wild* (»Wilde Glut«, »Jeff«, 1953) ging Barbara Stanwyck wieder zu Warner – und fand sich mit ihrem alten Co-Star Gary Cooper vereint, obwohl das Vehikel sehr weit unter der Klasse ihrer früheren gemeinsamen Filme rangierte. Die Stanwyck nahm eine Rolle an, die Lauren Bacall abgelehnt hatte, und spielte noch einmal eine »schlechte« Frau. Sie war Marina Conway, die intrigierende treulose Frau eines Ölbohrers (Anthony Quinn), die unbedingt eine alte Affäre mit dem Partner ihres Mannes (Gary Cooper) wieder aufnehmen will. Die Stanwyck verbringt die meiste Zeit des Films

damit, Cooper hinterherzulaufen, und als er sich sichtlich mehr für ein gestrandetes Showgirl (Ruth Roman) interessiert, entledigt sie sich ihres Ehemannes, indem sie ihn in eine stampfende Ölpumpe stößt. Schließlich wird sie selbst von Dynamit in Stücke gerissen, nachdem sie Cooper noch zurufen konnte: »Ich habe einen Mord begangen, um dich zu kriegen! Einen Mord!«
Dieses überladene und völlig unglaubhafte romantische Melodram war kaum das richtige Material für Stars mit der gemeinsamen Reife von Cooper, Quinn und Stanwyck, und Hugo Fregoneses Regie half dem schrecklichen Drehbuch Philip Yordans auch nicht mehr. Den Gipfel für dieses in Mexiko gedrehte Fiasko lieferte Frankie Laines brüllende Stimme auf der Tonspur, von der dann mit Unterstützung eines weiblichen Chors Textzeilen wie »Marina mine, set me free« dröhnten.
Warners Western *The Moonlighter* in »Natural Vision 3-D«

›The Moonlighter‹ (1953). Mit Fred MacMurray

war sicherlich um nichts besser. Wieder wurde Barbara Stanwyck mit einem Co-Star (Fred MacMurray) zusammengebracht, mit dem sie einige hervorragende Drehbücher verfilmt hatte, und langsam sah es so aus, als sollten in diesem Jahr ein paar glanzvolle Karrieren zuschanden werden. Das Studio hielt nicht einmal genug von dieser aufgemotzten Pferdeoper, um sie in Warnercolor zu drehen, und Niven Buschs träges, langweiliges Skript über Viehdiebe und Bankräuber bot kärgliche Möglichkeiten für Regisseur Roy Rowland und seine Besetzung, obwohl es Miß Stanwyck Spaß zu machen schien, zu reiten, Pistolen zu benützen und möglichst viele ihrer Stunts selbst auszuführen – soweit Warner es ihr erlaubten.

Die Königin: vom Salon in die Steppe

Von Barbara Stanwycks drei Filmen im Jahre 1954 war einer – MGMs *Executive Suite* (»Die Intriganten«) – ein ausgezeichnetes Stück, das seine hochklassige Besetzung voll und ganz verdiente (William Holden, Fredric March, June Allyson, Walter Pidgeon, Shelley Winters, Paul Douglas und Nina Foch). Das fachmännische Drehbuch Ernest Lehmans basierte auf Cameron Hawleys bekanntem Roman über den Machtkampf in einer Handelsgesellschaft nach dem plötzlichen Tod eines Geschäftsführers. Es lieferte Regisseur Robert Wise eine ausgezeichnete Möglichkeit, einen erstklassigen Film zu drehen, bei dem jeder einzelne Aspekt stimmte.

Executive Suite ist ein Ensemble-Film, der jedem seiner Stars die Chance bietet, in seinem oder ihrem separaten Part das ganze Können zu zeigen. Als die neurotische Julia Tredway, Tochter des Firmengründers und verbitterte Geliebte des gerade verstorbenen Tycoons, dessen Tod sie um jeglichen Lebenswillen gebracht hat, ist Barbara Stanwyck imponierend. Sie hält in der Gesellschaft die Aktienmehrheit, und ihre Anwesenheit ist bei den obligatorischen Aufsichtsratssitzungen nicht nur erforderlich, sie muß dabei auch mit Glacéhandschuhen angefaßt werden. Miß Stanwyck hat ihre explosivsten Szenen mit William Holden, der sie überlegen dazu zwingt, ihre unterdrückten Gefühle für ihn freizugeben. In ihrer einzigen gemeinsamen Arbeit seit *Golden Boy* reagieren diese beiden Profis in ihrer Schauspielkunst so ausgezeichnet aufeinander, daß man sich wünschen muß, die beiden hätten noch öfter Gelegenheit gefunden, zusammen aufzutreten. Für die Stanwyck war dies ihr bester MGM-Film und ihr letzter uneingeschränkt erstklassiger Film – bis zum heutigen Tage. Danach sollten ihre Rollen hauptsächlich in Western, Thrillern und zweitklassigen Seifenopern bestehen, was auch mit dem sich ändernden Geschmack des Kinopublikums und den immer geringeren Filmchancen für eine alternde Schauspielerin zusammenhing.

›Executive Suite‹ – ›Die Intriganten‹ (1954). Mit William Holden

Witness to Murder (»Zeugin des Mordes«, 1954) war eine unabhängige Chester-Erskine-Produktion unter der Regie von Roy Rowland im Verleih der United Artists. In diesem billigen, unglaubwürdigen Melodram spielt Barbara Stanwyck eine Karrierefrau, die ihren Nachbarn (George Sanders) eines Abends auf der anderen Hofseite bei einem Mord beobachtet. Doch keiner glaubt ihr, auch nicht der sonst so sympathische Polizeidetektiv (Gary Merrill). Vor dem qualvoll übersteigerten Schluß wird die Stanwyck selbst zur Detektivin, schafft es gerade noch, nicht selbst umgebracht zu

›Witness to Murder‹ – ›Zeugin des Mordes‹ (1954). Mit Gary Merrill und George Sanders

werden, und wird für einige Zeit in eine Anstalt eingewiesen, da sie glaubt, den Verstand zu verlieren. Die ganze Zeit fürchtet sie sich weiter vor Sanders – mit gutem Grund, wie sich herausstellt. Dank der beruflichen Qualifikation seiner Stars ist *Witness to Murder* ganz interessant, obwohl er kaum mehr als ein billiger Programmfüller ist.

In einem Interview für das *Toronto Telegram* 1965 sprach Barbara Stanwyck offen mit Clyde Gilmour über diese Klasse von Filmen, auf die sie sich anscheinend in den fünfziger Jahren zu spezialisieren hatte: »Die Antwort ist einfach: Man hat einen fürchterlichen Fehler begangen. Man läßt sich auf etwas ein, das eine gute Idee zu sein scheint, und liest eine Art Roh- oder Arbeitsskript. Man unterschreibt für den Film, ohne jemals ein fertiggestelltes Drehbuch gesehen zu haben. Schon eine Woche nach dem Start der Dreharbeiten weiß jeder im Studio, daß die Sache einfach nicht richtig läuft. Zu diesem Zeitpunkt sitzt man bereits fest. Also gibt man sein Bestes – und hofft insgeheim, daß sich niemand den Film ansehen wird.«

Bei RKO setzte die Stanwyck diese unglückliche Reihe fort, erklärte sich bereit, ihr graues Haar unter einer Perücke zu verstecken, und spielte zusammen mit Ronald Reagan, dessen Karriere auch schon bessere Zeiten erlebt hatte, in einem Western mit dem Titel *Cattle Queen of Montana* (»Königin der Berge«, 1955), ihrem ersten Technicolor-Film seit *California.* Es gab in dieser Freiluftgeschichte über Indianer, die gegen das Übergreifen von weißen Siedlern ankämpfen, nichts Neues, doch Miß Stanwyck spielte als Sierra Nevada Jones sehr eindringlich und nahm aus Gründen der Echtheit einige physische Unannehmlichkeiten auf sich (einschließlich eines Bades in einem frostkalten Bergsee). Allan Dwans nachlässige Regie half dem unbedeutenden Drehbuch auch

›Cattle Queen of Montana‹ – ›Königin der Berge‹ (1955). Mit Ronald Reagan

nicht, doch John Altons Fotografie zeigte die Stanwyck sehr vorteilhaft.

In Columbias *The Violent Men* (»Rauhe Gesellen«, 1954 – Arbeitstitel *Rough Company)* trat Barbara Stanwyck wieder einmal in einer Großproduktion mit bedeutenden Co-Stars (Glenn Ford, Edward G. Robinson) und einem Spitzenbudget (Technicolor, CinemaScope) auf. Es ist ein streckenweise interessanter Western, ungleichmäßig inszeniert von Rudolph Maté, der jedoch durch farbenprächtige Landschaftsaufnahmen (Burnett Guffey und W. Howard Greene) aufgewertet wird. In einer blonden Perücke (die das Publikum darauf hinweist, daß man ihr nicht trauen kann) spielt Miß Stanwyck eine berechnende Frau, die mit dem verkrüppelten Rancher Edward G. Robinson verheiratet ist und ihn heimlich mit dem männlichen Brian Keith betrügt, der sie wieder-

›The Violent Men‹ – ›Rauhe Gesellen‹ (1955). Mit Lita Milan

›Escape to Burma‹ – ›Flucht nach Burma‹ (1955). Mit Peter Coe, Robert Ryan und David Farrar

um verwirrt, indem er mit Lita Milan liebäugelt. (»Oh Cole, mach dich nicht selbst billig! Schick das mexikanische Mädchen weg!«)

The Violent Men verfügt über etliche Actionszenen, quasi als Verschnaufpausen zwischen den Auseinandersetzungen in der Familie. Auf einem gewaltigen Höhepunkt versucht die Stanwyck, Robinson zu töten, während ihre Ranch brennt. Sie und Keith ereilt jedoch bald danach ein gewaltsamer Tod, während Robinson und das Liebespaar des Films (Glenn Ford und Dianne Foster) zu den wenigen Überlebenden zählen. Im Verhältnis zu den anderen Stanwyck-Filmen dieser Periode sieht *The Violent Men* wirklich wie ein Superwestern aus.

Escape to Burma (»Flucht nach Burma«, 1955), eine weitere

›There's Always Tomorrow‹ – ›Es gibt immer ein Morgen‹ (1956). Mit William Reynolds und Gigi Perreau

Gemeinschaftsarbeit von Produzent Benedict Bogeaus und Regisseur Allan Dwan, vereinte Barbara Stanwyck wieder mit ihrem Co-Star aus *Clash by Night,* Robert Ryan. Sie wären sicher gut beraten gewesen, wenn sie das ganze Projekt vergessen hätten, bevor es in Produktion ging, denn dieses muffige Melodram, das im Dschungel von Burma spielt, vermengt seine Stars mit Elefanten, Tigern und Buschräubern in und um die Teak-Plantage, die Miß Stanwyck gehört. Das Ergebnis war für alle Beteiligten sehr befremdlich. Das klischeesatte Drehbuch von Talbot Jennings und Hobart Donavan konnte dem Publikum Mitte der fünfziger Jahre kaum etwas bieten, und Dwans Anstrengungen, seinem Film etwas Tempo zu geben, waren zwecklos. Oder wie Barbara Stanwyck später bemerkte: »Die Tiere waren besser als der ganze Film!«

Wieder bei Universal, wirkte sie neuerlich in einem Douglas-Sirk-Film für Produzent Ross Hunter mit: *There's Always Tomorrow* (»Es gibt immer ein Morgen«, 1956). Es handelte sich hierbei um eine alte Story von Ursula Parrott über einen nicht genug gewürdigten Ehemann (Fred MacMurray), dessen Frau (Joan Bennett) ihn neben ihren Kindern (William Reynolds, Gigi Perreau und Judy Nugent) vernachlässigt und ihm den Weg zur Wiederaufnahme einer alten Beziehung (Stanwyck) ebnet. 1934 hatte dieser Stoff als Vehikel für Frank Morgan gedient; Lois Wilson spielte seine Frau, und die Engländerin Binnie Barnes gab in ihrem amerikanischen Filmdebüt die Rivalin.

Das Remake war eine konventionelle Dreiecksgeschichte über eine Ehe, die durch eine Krise gefestigt wird. Die sehr kompetente Besetzung spielte gut, doch Bernard C. Schoenfelds Drehbuch konnte so ehrwürdigen Dialogen wie jenem zwischen Stanwyck und MacMurray nicht widerstehen, wo sie ihm nach 20 Jahren Trennung ins Ohr haucht: »Ich wollte nicht, daß das passiert.« Worauf er natürlich antwortet: »Aber es *ist* passiert.« Nach einer Konfrontation der Kinder mit der Geliebten, bei der sie ihnen eine Vorlesung über ihre Pflichten gegenüber ihrem Vater hält, empfiehlt sie seiner Frau: »Behandle deinen Mann besser, oder du verlierst ihn beim nächsten Mal für immer.« Und damit verschwindet sie und kehrt zu ihrem einsamen, aber strahlenden Leben als New Yorker Modeschöpferin zurück. *There's Always Tomorrow* ist eine respektable kleine Soap Opera ohne große Ansprüche.

Doch Republics Western *The Maverick Queeen* (»Der Teufel von Colorado«, 1956), in Trucolor und einem kurzlebigen Breitwandverfahren namens Naturama produziert, ist etwas ganz anderes. Diese kitschige Geschichte über das Wyoming Territory, als es noch rauh und gefährlich war, ist zwar nicht ganz so »super« wie *Johnny Guitar* (»Johnny Guitar – Wenn Frauen hassen«, 1954) aus demselben Studio, aber wenigstens unterhaltend. In einer eleganten dunklen Perücke und einer Garderobe, die Reitklamotten mit zeitgenössischen Luxuskleidern kombiniert, ist Barbara Stanwyck als Kit Banion sehr hartgesotten und eine Frau, die »getan hat, was ich tun mußte, um dahin zu kommen, wo ich jetzt bin«. Da sie die Besitzerin und Leiterin des Maverick Queen Saloon in einem Landstrich ist, der von den Aktivitäten so legendärer Outlaws wie Butch Cassidy (Howard Petrie) und Sundance Kid (Scott Brady) belebt wird, hat der Film kaum eine Chance, sein Publikum zu langweilen.

Ziemlich früh taucht der Pinkerton-Geheimagent Barry Sullivan in Stanwycks Kneipe auf, und die Handlung macht es ihm sofort leicht, indem ihm die Lady passenderweise eine Arbeit anbietet: »Wie wär's mit einem Job beim Pharospiel? Einer meiner Jungs ist letzte Woche gegangen.« Abgesehen von der wachsenden Vorliebe für Sullivan behandelt die Stanwyck alle anderen hart und kompromißlos, obwohl sie verrät, daß sie »zu einer Bande gehört, die von Butch Cassidy angeführt wird«.

Vor dem lautstarken Höhepunkt des Films wird sie weich und verliebt sich sehr in Sullivan, doch die Gerechtigkeit siegt, und sie stirbt bei einer Schießerei in seinen Armen.

Jedesmal, wenn man nahe daran ist, *The Maverick Queen* ernst zu nehmen, holt einen die Stimme von Joni James mit einer immer wiederkehrenden Liederballade, die mit so unsterblichen Zeilen wie »Oh, the Maverick Queen, the Mave-

›The Maverick Queen‹ – ›Der Teufel von Colorado‹ (1956). Mit Scott Brady und Barry Sullivan

rick Queen ... She could steal your heart away« spielt, in die Realität zurück. Und dann warnt sie uns hilfreich: »There was trouble ahead for the Maverick Queen.«

The Maverick Queen wurde in der Gegend von Silverton, Colorado, gedreht und kann sich einiger herrlicher Außenaufnahmen rühmen. Unter Joseph Kanes Regie entstanden einige eindrucksvolle Actionszenen mit einer richtig abgehärteten Barbara Stanwyck, die mal wieder ihr Bestes gab. Doch diese angebliche Zane-Grey-Story (tatsächlich streute das Pressebüro von Republic dem Publikum nur Sand in die Augen) war ihrer nicht würdig, und nur die Energie und Freude ihrer Darstellung läßt einen für einen Augenblick daran *glauben*, daß sie es doch wäre.

›These Wilder Years‹ (1956). Mit James Cagney und Lewis Martin

Die Aussichten schienen bei MGMs *Somewhere I'll Find Him* viel besser, da die Stanwyck neben James Cagney auftrat, doch es sollte nicht sein. Kurz vor der Premiere wurde der Titel dieses langsamen, tränentreibenden Dramas in *These Wilder Years* umgewandelt, in einem vergeblichen Versuch, die Verkaufskraft zu heben. Miß Stanwycks Rolle war gegenüber Cagneys in diesem Frank-Fenton-Drehbuch nur zweitrangig. Das Skript drehte sich um einen alternden steinreichen Tycoon, der sich bei seinem geschäftigen Leben die Zeit nimmt, den gegenwärtigen Aufenthaltsort eines illegitimen Sohnes herauszufinden, den er vor 20 Jahren gezeugt und verstoßen hatte. Miß Stanwyck ist die liebenswürdige, aber prinzipientreue Leiterin einer Adoptionsstelle, deren

Opposition einen Kampf vor Gericht heraufbeschwört. Schließlich ist Cagney wieder mit seinem Sohn vereint, erkennt jedoch, daß es dem Jungen bei seinen Adoptiveltern besser geht und kompensiert seine Schuldgefühle, indem er eine unverheiratete minderjährige Mutter (Betty Lou Keim) adoptiert, die er zuvor in der Vermittlungsstelle getroffen hatte.

Weder das Drehbuch noch die Regie Roy Rowlands tun irgend etwas, um *These Wilder Years* über das Niveau von sentimentalen Fernsehgeschichten hinauszuheben, und das Beste, was Miß Stanwyck und Cagney tun können, besteht dar-

›Crime of Passion‹ – ›Das war Mord, Mr. Doyle‹ (1957). Mit Sterling Hayden

in, ihre Rollen mit professioneller Leichtigkeit über die Bühne zu bringen.

Die Schauspielerin hatte in ihrem nächsten Film *Crime of Passion* (»Das war Mord, Mr. Doyle«, 1957) weitaus mehr zu tun. Hier ist sie wieder einmal eine eigenwillige Karrierefrau – eine Zeitungsreporterin –, die ihre eigene Karriere aufgibt, um den Polizisten Sterling Hayden zu heiraten, dessen sanfte Persönlichkeit und langweilige Freunde sie bald zur Raserei und Ungeduld gegenüber seiner Karriere treiben.

Der Film läuft noch nicht lange, als Barbara Stanwyck ihre erste Tirade losläßt und ihn anschreit: »Hast du überhaupt keine *Ambitionen*?!«

Sie ist so sehr mit dem Bedürfnis nach einem Ventil für ihre Energie und umgeleiteten Karriereambitionen beschäftigt, daß sie versucht, ihrem Mann eine Beförderung zu verschaffen, und schließlich nicht nur seine Laufbahn zerstört, sondern auch ihre Ehe und ihre Zukunft. Nach einer fruchtlosen außerehelichen Beziehung zu seinem Boß (Raymond Burr) schießt sie auf ihn und tötet ihn damit. Sie ist wahrhaftig eine moderne Lady Macbeth, obwohl die lausige Qualität des Unternehmens auch nicht durch Jo Eisingers konstruiertes und unglaubwürdiges Drehbuch oder Gerd Oswalds langweilige Regie verbessert wird. Auch Miklos Roszas lautstarke Musik konnte dem Ganzen keine Klasse verleihen.

In *Trooper Hook* (»Fluch der Gewalt«, 1957) stand sie zum sechsten und letzten Male gemeinsam mit Joel McCrea vor der Kamera. Dieser Charles-Marquis-Warren-Western hatte ein ungewöhnliches Thema. Bei einer Kavallerieattacke auf ein Apachendorf findet der Führungssergeant (McCrea) eine weiße Frau (Stanwyck), die unter den Squaws lebt. Man erfährt, daß sie dort bereits seit Jahren gewesen ist, seit damals, als die Indianer sie von zu Hause und ihrem Mann entführten, und daß sie von dem grausamen Apachenhäuptling (Rodolfo Acosta) einen fünfjährigen Halbblutsohn hat. Sie bringen sie zurück in die Zivilisation und zu ihrem Ehemann (John Dehner), der sich weigert, das Kind anzunehmen. Doch dann macht sich der Apachenhäuptling auf, um seinen Jungen zu befreien, und nach einer Anzahl von Zwischenfäl-

›Trooper Hook‹ – ›Fluch der Gewalt‹ (1957). Mit Terry Lawrence und Joel McCrea

len werden Ehemann und Indianerhäuptling getötet. Barbara Stanwyck und ihr Kind bleiben zurück, um bei dem etwas toleranteren McCrea Trost zu finden. Das Budget des Schwarzweißfilms war niedrig, doch Autor-Regisseur Warren hatte einige eigene Ideen, und McCrea und Stanwyck liefern, unterstützt von einer guten Besetzung, eine fein unterspielte Darstellung.

Barbara Stanwyck stieg für Samuel Fullers *Forty Guns* (»Vierzig Gewehre«, 1957) wieder in den Sattel. Dieses komplexe, handlungsgeladene Freiluftdrama wurde in Schwarzweiß-CinemaScope gedreht, was ihr graues Haar blond aussehen läßt. Fuller schrieb, produzierte und inszenierte diese

rauhe Saga über Old Tombstone, in der die Stanwyck die gnadenlose Chefin von Cochise County spielt, die unter Zuhilfenahme von 40 bewaffneten Reitern ihre eigenen Gesetze schafft. Die große Liebesbeziehung in dem Film entsteht aus einer seltsamen Anziehungskraft zwischen ihr und dem Regierungsmarshall Barry Sullivan, dessen Bruder (Gene Barry) schließlich von Stanwycks schießwütigem Bruder (John Ericson) umgebracht wird. Ein paar Actionsequenzen halten die schwerfällige Handlung in Bewegung, und im Finale wird die Stadt gesäubert, während Ericson und Stanwyck von Sullivan erschossen werden.
In der endgültigen Fassung überlebt Barbara, und sie und Barry Sullivan werden ein Paar.
So kraftvoll Barbara Stanwycks Darstellung ist, wenigstens ein Kritiker befand, daß ihre grimmige Entschlossenheit manchmal an Karikatur grenzt. Samuel Fuller, der verraten hat, daß Marilyn Monroe einmal sehr an dieser Rolle interessiert war, hat seiner Bewunderung für den Nerv und den Wagemut seines Stars Ausdruck gegeben: »Die Stuntleute weigerten sich, die Szene zu machen, in der die von der Stanwyck dargestellte Figur von einem Pferd mitgeschleift wird. Also sagte die Stanwyck, sie würde es machen. Wir drehten es ein erstes Mal, und ich sagte: ›Es hat mir nicht gefallen. Es war zu weit vom Kamerawagen entfernt. Wir kriegen das nicht rein, was ich gerne möchte.‹ Also versuchten wir es wieder, und es gefiel mir nicht. Sie beschwerte sich nicht. Wir versuchten es ein drittes Mal, und es war genauso, wie ich es wollte. Sie war ganz schön zerschrammt.« (Eric Sherman und Martin Rubin, *The Director's Event.* Atheneum, New York, 1970, S. 149–50)
Forty Guns war vier Jahre lang der letzte Spielfilm Barbara Stanwycks. Als man sie später nach dem Grund für diese ungewöhnliche Lücke in einer Karriere fragte, die für ihre ungebrochene Aktivität über einen Zeitraum von 28 Jahren bekannt war, antwortete sie mit charakteristischer Offenheit: »Weil niemand mich gefragt hat.« Und sie fügte hinzu: »Sie schreiben normalerweise keine Rollen für Frauen meines Alters, weil Amerika nun einmal ein Land der Jugend ist.«

›Forty Guns‹ – ›Vierzig Gewehre‹ (1957). Mit John Ericson

Die Grand Dame: Das Fernsehen und eine neue Karriere

Aus Gefälligkeit für ihren alten Freund Jack Benny erklärte sich Barbara Stanwyck 1954 bereit, an der Seite des Komödienveteranen in *Autolight,* einer Parodie auf den Film *Gaslight* (»Das Haus der Lady Alquist«, »Gaslicht«) von 1944, ihr Fernsehdebüt zu geben. Sie nahmen das Stück auf, doch MGM machte geltend, daß die Story nicht ohne ihre Einwilligung parodiert werden dürfte, und strengte ein Gerichtsverfahren an, das schließlich durch alle Instanzen bis zum Obersten Gerichtshof ging. Schließlich mußte Benny die Rechte erwerben, um seine Show doch noch ausstrahlen zu können – fünf Jahre später! Für das Publikum von 1959 hatte sich das Warten auf *Autolight* allerdings wirklich gelohnt. In der Zwischenzeit hatte es Barbara Stanwyck jedoch geschafft, ihre sporadischen Spielfilmrollen mit Auftritten in einigen Fernsehserien zu ergänzen, wie »The Loretta Young Show«, Dick Powells »Zane Grey Theatre« und »Decision«. Außerdem versuchte sie, vergeblich allerdings, eine eigene Serie zu bekommen – vorzugsweise eine Westernserie.

Miß Stanwyck gestand 1958, daß sie sich geweigert hatte, bei Ralph Edwards »This Is Your Life« (»Ich wäre gegangen«) und Edward R. Murrows »Person to Person« (»Wer bin ich denn? Warum sollte ich in so einer Sendung auftreten? Es ist lächerlich.«) aufzutreten. Im folgenden Jahr wurde angekündigt, daß sie bei NBC-TV ihre eigene Serie bekommen würde, »The Barbara Stanwyck Show«, in der sie entweder die Hauptrolle spielen würde oder als Gastgeberin fungieren sollte. Die Stanwyck war sich ihrer abnehmenden Zugkraft als Hollywoodstar bewußt und erklärte der Kolumnistin Marie Torre: »Meine Pläne haben kein großes Aufsehen erregt, und warum sollten sie? Freunde und Bekannte haben zu mir gesagt: ›Ich sehe, du gehst zum Fernsehen – wie nett.‹« Und sie schloß: »Es bleibt abzuwarten, wie nett es wird.«

Tatsächlich vergingen anderthalb Jahre vor der Erstausstrah-

lung von »The Barbara Stanwyck Show« im September 1960. Es wurden 36 halbstündige Episoden für diese Schwarzweiß-Serie gedreht. Miß Stanwyck spielte in 32 die Hauptrolle, oft neben Schauspielern wie Lee Marvin, Joan Blondell und Ralph Bellamy. Sie arbeitete hart daran, gute Skripte, erfahrene Regisseure und Techniker zu bekommen, und freute sich, wie vormals Loretta Young, über eine Palette von sehr unterschiedlichen Rollen.
Später sprach die Stanwyck mit der Kolumnistin Kay Gardella über diese Serie und gab zu: »Ich haßte es, jede Woche die Rolle der Gastgeberin zu spielen. Ich weiß, daß Loretta Young es bei ihrer Show liebte, doch ich konnte es nicht aushalten. Ich war dabei lausig. Ich erkannte, daß ich mich hinter irgend etwas verstecken mußte. Ich kann mich einfach nicht selbst spielen.«
Im Januar 1961 sagte sie in einem *TV Guide*-Interview: »Warum ich ins Fernsehen wollte? Ganz einfach. Ich hatte keine Arbeit, und ich wollte arbeiten. Was hätte ich sonst machen können? Ich habe keine Hobbies. Ich vermute, daß mich das als Idioten abstempelt, aber so ist es nun mal. Man erwartet, daß du malst oder modellierst oder sonst etwas machst. Ich nicht. Ich reise gern, doch eine Frau kann nicht alleine reisen. Es ist langweilig. Und es ist eine verdammt einsame Langeweile.
Die Leute fragen mich immer wieder, was der Unterschied zwischen der Arbeit beim Film und der beim Fernsehen ist, und ich kann wirklich keinen Unterschied feststellen. Du machst einen Film. Die Technik ist genau die gleiche. Beim Fernsehen arbeitest du etwas härter und viel schneller, das ist alles.«
In jenem Frühling beschwerte sich Barbara Stanwyck mit großer Erschütterung schriftlich über die Absetzung ihrer Serie, die in der Saison 1961–62 nicht fortgesetzt wurde. »Wenn ich meinen Produzenten Lou Edelman richtig verstanden habe«, erklärte sie dem Hollywood-Kolumnisten Joe Hyams, »wollen ›sie‹ Actionshows und verfolgen die Theorie, daß Frauen keine Action bieten können. Ich bin die beste Action-Schauspielerin auf der Welt. Ich kann mich von

Pferden schleifen lassen und von Gebäuden springen, und ich habe die Narben, um es zu beweisen.«
Wie es des öfteren mit Stars von gerade abgesetzten Serien geschah, gewann Barbara Stanwyck 1961 mit »The Barbara Stanwyck Show« einen Emmy Award für die »hervorragende Darstellung einer Schauspielerin in einer Serie«.
Zu dieser Zeit hatte sie jedoch ein Angebot des Produzenten Charles K. Feldman von Columbia angenommen, mit *A Walk on the Wild Side* (»Auf glühendem Pflaster«, 1962) auf die Kinoleinwand zurückzukehren. Der Film basierte angeblich auf Nelson Algrens Roman, doch das Ergebnis ließ die ausgiebige Arbeit von fünf aufeinanderfolgenden Drehbuchautoren merken. Bosley Crowther drückte es in *The New York Times* so aus: »Man fragt sich bei Edward Dmytryks Regie, ob er wohl das Drehbuch gelesen hat, bevor er mit den Dreharbeiten anfing.«
Die matte Handlung des Films weist kaum Ähnlichkeiten mit Algrens Buch auf und beginnt mit Dove Linkhorn (Laurence Harvey), einem texanischen Farmer um 1930, der sich aufmacht, um seine langverlorene Liebe Hallie (Capucine) zu suchen, die er schließlich als Hauptattraktion in einem Luxusbordell in New Orleans, genannt das »Puppenhaus«, wiederfindet, das von der Lesbierin Jo Courtney (Stanwyck) geführt wird, die nicht mit sich spaßen läßt. In der Zwischenzeit beschäftigt sich Dove mehr oder minder mit einer lebhaften jungen Tramperin (Jane Fonda) und einer männerhungrigen mexikanischen Witwe (Anne Baxter). Im melodramatischen Finale kommt eigentlich keiner gut weg, da Hallie erschossen und Jo von der Polizei abgeführt wird.
Die Stanwyck hatte in diesem verwirrenden und ungleichmäßigen Melodram eine gehaltvolle Nebenrolle, und obwohl sie erst an fünfter Stelle genannt wurde, stach sie dem Leser ins Auge – »und Barbara Stanwyck als Jo«. Es gab Leute, die sie kritisierten, so eine Rolle angenommen zu haben, doch sie sagt: »Es war für mich eine Chance, wieder ins Kino zu kommen und zu sehen, was passieren würde«, obwohl sie zugibt: »Es hätte ein verdammt guter Film werden können, doch es hat einfach nicht funktioniert.«

›A Walk on the Wild Side‹ – ›Auf glühendem Pflaster‹ (1962). Als Jo Courtney

Die Kritiker mißbilligten *A Walk on the Wild Side,* und obwohl der Film nichts wert ist, ist er ein gelegentlich unterhaltsamer Schund, von Jane Fondas lebhafter Elfe bis zu Capucines kalter »garboesker« Schönheit und Anne Baxters gutakzentuiertem hispanischem Flair ... und natürlich Barbara Stanwyck, die sich nie vor den Andeutungen ihres Interesses an den Mädchen drückt, besonders an Capucine, die von ihr eine Büste modelliert hatte. Als die Atmosphäre im Puppenhaus zu ungestüm wird, wird der Dialog immer lächerlicher. Da sagt Capucine zum Beispiel zu Barbara Stanwyck: »Ich möchte dasitzen und mit einem Mann trinken, nicht mit dir«, worauf letztere ungehalten zurückgibt: »Du bist pervers!« Wieder vergingen einige Jahre, bis Miß Stanwyck ein weiterer Film in die Quere kam. In der Zwischenzeit kehrte sie zum Fernsehen zurück und spielte einige Male den Gaststar in »Wagon Train« wie auch bei »The Untouchables«, »Rawhide« und »The Joey Bishop Show«. Dann kam eine etwas ungewöhnliche Besetzung, die sie mit keinem Geringeren als Elvis Presley in *Roustabout* (»König der heißen Rhythmen«, 1964) zusammenbrachte. Sie drehte diesen Streifen für ihren alten Freund Hal Wallis bei Paramount. Es war ein leichtes Musical, das auf einem Rummelplatz spielte. Miß Stanwyck war die Besitzerin eines Fahrgeschäfts, die Elvis als Gehilfen engagiert, der sie schließlich vor dem Bankrott rettet, indem er die Hauptattraktion ihrer Show wird. Es war eine Rolle, die Mae West abgelehnt hatte, doch die Stanwyck nahm sie an, da sie erkannte, daß ein Auftritt in einem Presley-Film sie einem vollkommen anderen Publikum vorstellen würde. Sie hatte schon immer Herausforderungen geschätzt. Der Kritiker von *Variety* sah sie am falschen Platz, während Howard Thompson in *The New York Times* ihre Rückkehr bewillkommnete und ihrer »professionellen Würze« applaudierte. Dann trat sie zum letzten Mal gemeinsam mit Robert Taylor auf. *The Night Walker* (»Er kam nur nachts«, 1965), ein William-Castle-Thriller von Universal, ist bis heute ihr letzter Kinofilm. Es war eine Kriminalgeschichte, wegen der sich Castle vorsichtig an die beiden Stars gewandt hatte. Da beide die Arbeit des anderen bewunderten, gab es bei dem Film keines der Probleme, die man bei der beruflichen Zusammenarbeit eines ehemals verheirateten Paares hätte erwarten können. Tatsächlich zeigten Fotos von den Dreharbeiten die beiden lachend, was ihr offensichtliches Vergnügen an der gegenseitigen Gesellschaft bewies. Barbara Stanwyck erzählte später dem Interviewer William Peper: »Am ersten Drehtag beobachteten uns alle. Ich weiß nicht, was sie von uns er-

warteten. Vielleicht dachten sie, wir würden uns gegenseitig verprügeln. Doch wir haben einfach den Film gemacht.«
Robert Bloch (berühmt für *Psycho*) schrieb das Drehbuch zu diesem Horrorstreifen über Alpträume, reale wie auch eingebildete. Miß Stanwyck spielt die Frau eines Blinden, deren immer wiederkehrende Träume sie mit einem attraktiven Fremden (Lloyd Bochner) verbinden, sogar nachdem ihr Ehemann bei einer Laboratoriumsexplosion ums Leben gekommen ist. Taylor spielt den Anwalt der Familie, der der Stanwyck dabei hilft, einer Serie von unheimlichen Gescheh-

›Roustabout‹ – ›König der heißen Rhythmen‹ (1964). Mit Elvis Presley

nissen auf den Grund zu kommen, die einen Mord, das Wiedererscheinen ihres »toten« Ehemannes und eine Menge Terror für die Heldin des Films einschließen.
Da sie gemeinsam mit Castle und Taylor einen prozentualen Anteil an *The Night Walker* besaß, ging Miß Stanwyck auf eine ausgedehnte Promotiontour für Universal, bei der sie den Reportern von dem Pilotfilm für eine Westernserie berichtete, an dem sie gerade arbeitete und an den sie sehr starke Hoffnungen knüpfte – »The Big Valley« (»Big Valley«). Als man sie fragte, ob sie eventuell vorhabe, zur Bühne zurückzukehren, antwortete die Stanwyck: »Nein, wirklich nicht. Nicht noch so viel Geld könnte mich wieder zurück an den Broadway ziehen. Von Zeit zu Zeit schickt mir ein Theaterproduzent ein Stück zur Prüfung. Allein die Berührung mit dem Manilapapier-Umschlag, ohne ihn zu öffnen, läßt mich in Furcht vor dem Auftritt vor einem leibhaftigen Publikum nach so vielen Jahren erzittern.«
Barbara Stanwyck hatte Glück, »The Big Valley« fand einen

Rechts: Mit Ronald Reagan und Charlton Heston bei der Verleihung des Screen Actors Guild Achievement Award (1966)

Links: ›The Night Walker‹ – ›Er kam nur nachts‹ (1965). Als Irene Trent

Sponsor und begann im September 1965 seine erfolgreiche vier Jahre lange Laufzeit bei ABC und kann auch heute noch in vielen Lokalsendern als Wiederholung gesehen werden. Sie spielte die Rolle der Victoria Barkley, der verwitweten Herrin eines mächtigen Ranch-Clans im kalifornischen San Joaquin Valley anno 1870. Ihre regelmäßigen Mitspieler waren Richard Long, Peter Breck, Lee Majors und Linda Evans. Die Schauspielerin sagte 1965 einem Reporter des *New York Journal-American:* »Ich versuche, Victoria Barkley so menschlich wie möglich zu spielen. Sie tanzt nicht die Treppen in einem Kattunkleid hinunter, um sich nach dem Ergehen des Viehs zu erkundigen. Sie ist eine alte Frau, die Eleganz mit Kraft kombiniert.« In einem späteren Interview mit Ezra Goodman unterstrich sie, daß dies die erste Westernserie war, in der eine Frau die Hauptrolle spielte, und fügte hinzu: »Einige Produzenten glauben, daß die damaligen Frauen nichts anderes taten, als das Haus zu versorgen und Kinder zu kriegen. Doch wenn du dein Geschichtsbuch liest, stellst du fest, daß sie viel mehr als das getan haben. Sie waren beim Viehauftrieb. Sie waren wirklich *dabei.*« (Ezra Goodman, »My Name Is Barbara«, *The New York Times,* 17. Oktober 1965)

»Was den Film betrifft«, sagte sie Goodman, »glaube ich nicht, daß ich welche machen werde, solange ich mit dieser Serie beschäftigt bin. Außerdem hat mich niemand gefragt. Also brauche ich mir über nichts den Kopf zu zerbrechen. Ich spiele nicht mehr in einer Liebesgeschichte. Diese Rolle ist vorbei. In meiner Altersklasse (58) ist man über die romantischen Dinge hinaus und fällt in ein anderes Rollenfach, entweder gute Freundin oder Mutter, und das sind meistens dumme Rollen, an denen ich nicht interessiert bin.«

Barbara Stanwyck trat mit sieben Ausnahmen in allen 112 Folgen von »The Big Valley« auf, wobei der Umfang ihres wöchentlichen Auftritts variierte, da die Autoren der Serie immer abwechselnd eine Person aus dem Barkley-Clan in den Mittelpunkt einer Episode stellten. Virgil Vogel, ihr Regisseur in 45 Folgen, von dem die Stanwyck selbst sagt, er wisse »genausoviel über die Herstellung eines Western wie der alte Meister John Ford persönlich«, hat erklärt: »Keine physische Anstrengung hat Barbara jemals erschreckt. Sie hat genausoviel Mut wie all die anderen Leute, die ich jemals kennengelernt habe. Sie hatte auch großes Vertrauen. Ich traf alle erdenklichen Sicherheitsvorkehrungen. Ich habe jeden Stunt sehr sorgfältig überprüft, doch in ihrer extremen Hingabe an ihre Arbeit hat sie immer etwas mehr gegeben, als man von ihr verlangt hat. Wenn ich sie bat, aus einer Höhe von zweieinhalb Metern zu springen, tat sie es aus drei Metern Höhe.« (Ella Smith, *Starring Miss Barbara Stanwyck,* S. 294)

1966, nach der ersten Saison von »The Big Valley«, gewann die Stanwyck ihren zweiten Emmy als »hervorragende Schauspielerin in einer dramatischen Serie«, und in den folgenden zwei Jahren gewann sie weitere Emmy-Nominierungen für die Serie. Doch von allen Ehrungen hat ihr wahrscheinlich der Screen Actors Guild Award am meisten bedeutet, der ihr 1966 von Ronald Reagan überreicht wurde, dem damaligen Gouverneur von Kalifornien. Wie Reagan in seiner Ansprache sagte: »Der Screen Actors Guild Award wird nicht nur für eine langdauernde hervorragende Filmkarriere verliehen. Er sollte vielleicht als ein absoluter Preis bezeichnet werden, da er für hervorragende Leistungen in der Pflege der höchsten Ideale des Schauspielerberufs vergeben wird.« In ihrer gerührten Dankesrede sagte die Stanwyck: »Ich liebe unseren Beruf sehr. Ich liebe dabei auch unsere Leute. Und wie klein mein Beitrag zu diesem Beruf oder überhaupt zu irgendetwas anderem auch sein mag, ich bin sehr stolz darauf.«

Seit der letzten Folge von »The Big Valley« hat Barbara Stanwyck drei 90minütige Fernsehfilme gedreht: *The House That*

›The House That Wouldn't Die‹ – ›Das Geisterhaus‹ (1970). Mit Michael Anderson jr.

Wouldn't Die (»Das Geisterhaus«, 1970), *A Taste of Evil* (»Der Hauch des Bösen«, 1971) und *The Letters* (1973).
Der erste davon wurde als *Ammie, Come Home* (der Titel des Romans von Barbara Michaels, nach dem Henry Farrell sein Drehbuch schrieb) gedreht und ist ein übernatürlicher Thriller um eine Frau (Stanwyck), die ein altes Haus in Pennsylvania erbt, in dem es angeblich spukt. Kalte, unerklärliche Winde zirkulieren in ihm, und eine Geistermacht ergreift von ihrer Nichte (Katherine – später Kitty – Winn) Besitz, während ihnen die Nachbarn Richard Egan und Michael Anderson jr. dabei helfen, das Rätsel mit Séancen und Erkundungen des Dachbodens und des Kellers zu lösen. Einige Szenen sind ziemlich aufregend – und das Übernatürliche wird wenigstens nicht als ein Schwindel abgetan.
John Llewellyn Moxey, der *The House That Wouldn't Die* und *A Taste of Evil* für ABCs »Movie of the Week« inszenierte, spricht in den höchsten Tönen von Barbara Stanwycks Berufsdisziplin, ihrem Perfektionismus und ihrer Freundlichkeit den weniger erfahrenen jungen Schauspielern gegenüber. In *A Taste of Evil* spielt sie eine Frau, die ihre Tochter (Barbara Parkins) in den Wahnsinn treiben will. Die Tochter ist gerade aus einer psychiatrischen Klinik zurückgekehrt und deshalb ein leichtes Opfer des Terrorfeldzuges, den die Mutter gemeinsam mit einem Diener (Arthur O'Connell), den sie dazu zwingt, ihr bei der Beseitigung des Mädchens zu helfen, inszeniert. Das Motiv für die ganze Bosheit ist eine Erbschaft, die Stanwycks verstorbener Mann abwegigerweise Miß Parkins vermacht hat, da er sie seiner Frau vorzog.
Sobald die Handlungsumkehrungen dem Publikum verraten worden sind, kann man sich voll und ganz an Miß Stanwycks scharfsinnigen, aber tödlichen Charakterwandlungen erfreuen, da sie sie mit großer Gewandtheit spielt. *A Taste of Evil* wurde von dem britischen Horrorveteranen Jimmy Sangster geschrieben und ist, trotz seiner Unwahrscheinlichkeiten, ein äußerst unterhaltender Reißer.
Im Herbst 1971 hatte Barbara Stanwyck gerade mit der Arbeit an einem CBS-TV-Film mit dem Titel *Fitzgerald and Pride* um eine Anwältin, die mit einem Mordfall zu tun hat,

›A Taste of Evil‹ (1971). Als Miriam Jennings

begonnen, als sie zur Entfernung einer Niere ins Krankenhaus gebracht werden mußte. Einige Zeit lang hing ihr Leben an einem seidenen Faden, doch dann folgte eine lange Rekonvaleszenzperiode. Ihre Rolle in dem Film, der in *Heat of Anger* umbenannt wurde, übernahm Susan Hayward.

The Letters, Miß Stanwycks dritter »Movie of the Week« für ABC-TV, ist eine Episodengeschichte über drei unterschiedliche Menschengruppen, deren Leben durch die Verspätung eines Postsacks, an der ein Flugzeugabsturz in den Bergen schuld ist, kompliziert und, in einigen Fällen, zerstört wird. Barbara Stanwyck und Ida Lupino (die in einer anderen Episode des Films dominierte) waren die beiden einzigen Stars des Filmes, die von der Kritik hervorgehoben wurden, die ansonsten das Unternehmen als »Soap Opera« abtat.

In ihrer Episode – der dritten und letzten des Filmes – spielt

die Stanwyck die gehässige, herrische Schwester der netten Dina Merrill. Ihr privilegiertes Leben wird zeitweilig von dem willkommenen Eindringen eines stattlichen Konzertpianisten (Leslie Nielsen), der jedoch ein Mitgiftjäger ist, aufgehellt, der seine Aufmerksamkeit bald von Miß Merrill ab- und Miß Stanwyck zuwendet, als er herausfindet, daß *sie* das Familienvermögen kontrolliert. Stanwyck und Nielsen heiraten, doch als sie sich weigert, eine Konzerttournee zu finanzieren, die sie trennen würde, ermordet er sie. Es sieht so aus, als ob sich die Lady selbst das Leben genommen hätte – bis das verspätete Auftauchen des Briefes Miß Merrill über die Wahrheit informiert und ihr damit eine lebenslange Macht über Nielsen verleiht.
Unter der Regie des Schauspielers Gene Nelson ist Barbara Stanwycks Spiel hier entschieden und autoritär – und beherrscht von genügend schauspielerischer Energie, um Gerüchte zu zerstreuen, sie habe sich nie ganz von ihrer Operation erholt. Die Ausstrahlungszeit für dieses komplexe Drama war im März 1973 auf 90 Minuten festgesetzt und konnte, um die erforderliche Anzahl an Werbungen unterzubringen, nur 74 Minuten reiner Laufzeit beanspruchen. Infolgedessen mußten drei wichtige Szenen von Miß Stanwycks Episode geschnitten werden, da der Film 25 Minuten zu lang war. Das erklärt das Fehlen der Entwicklung eines interessanten Charakters, der sich ohne die nötige Übergangs- oder Motivationszeit zu ändern scheint.
Heute ist Barbara Stanwyck, mit 75, immer noch bereit, gewillt und fähig, das zu tun, was ihr am meisten Spaß macht – schauspielen. Unglücklicherweise wird zu diesem Zeitpunkt das Medium Film – wo sie hingehört – immer noch von dem *männlichen* Leinwandimage beherrscht, während die Frau meist im Hintergrund verschwindet. Das Fernsehen hat für ältere Schauspielerinnen mehr geboten, und vielleicht hat dieses Medium Barbara Stanwyck auch mehr zu geben. Sie hat einmal erklärt, sie würde ihrem Beruf so lange treu bleiben, bis sie so alt geworden sei, daß man sie erschießen müßte. In der Zwischenzeit wird jedem, der eine energische, selbstsichere und bodenständige Schauspielkunst schätzt, ein

›The Letters‹ (1973). Mit Dina Merrill und Leslie Nielsen

Lebenswerk an hingebungsvollem Filmschaffen geboten – er braucht nur bei einem Barbara-Stanwyck-Film den Fernsehapparat einzuschalten.

Die Unsterbliche: Miß Stanwyck Rides Again

»Barbara Stanwyck ist mein Lieblingsschatz. O Gott, ich könnte einfach dasitzen und davon träumen, mit ihr verheiratet zu sein. Wir hätten ein kleines Häuschen im Grünen mit Weinranken an der Tür. Ich käme kaputt und erschlagen aus dem Büro nach Hause, und Barbara käme mir mit einem Apfelkuchen entgegen, den sie selbst gebacken hat. Sie würde keinen Schlüpfer anhaben.« Also sprach Herman Mankiewicz, der Drehbuchautor von *Citizen Kane,* und drückte damit die geheimen Wünsche von Millionen männlicher Zuschauer aus: die Stanwyck im Bett zu haben und sie zum Hausmütterchen zu zähmen. Jahrzehntelang stellte sie die mal bemitleidenswerte, mal verruchte selbständige Frau dar, die sich mit allen Mitteln, aber in jedem Fall allein durchs Leben schlägt. Sie war nicht kleinzukriegen, und wenn sie einen Mann wollte, dann suchte sie ihn selbst aus. Aber eigentlich konnte sie gut auf die Männer verzichten, »sie spielte ihre Rollen so gut wie ein Mann, wenn nicht besser«, wie der ironische Leslie Halliwell rühmt.

Wohin es führen kann, wenn man in ihre Fänge gerät, wies Fred MacMurray in *Double Indemnity* schlagend nach: Die Stanwyck legt mühelos nacheinander ihren Mann und seinen Nachfolger herein. In Sam Fullers *Forty Guns* wird diese Macht zum Filmbild: Barbara Stanwyck, ganz in Schwarz, hat 40 Männer im Schlepptau, die sie mit dem Gewehr in der Hand beschützen, während sie selbst mit einer Peitsche auskommt; die Stanwyck ist noch brutaler und männlicher als jeder Mann. Ein Hausmütterchen ist aus dieser Amazone beim besten Willen nicht zu machen, der Apfelkuchen, den sie einem bäckt, ist garantiert vergiftet. Soviel zu Herman Mankiewicz' Traum.

Die Kehrseite dieser Überlegenheit: im Privatleben klappt es mit den Männern auch nicht. Denn natürlich steht die Stanwyck hinter ihren Rollen, sie *lebt* sie, weil sie das einzige sind,

was für sie zählt. »Setzt mich in der letzten Viertelstunde eines Films ein, ganz egal, was bis dahin passiert ist. Ich muß vorher nicht einmal dabeigewesen sein: Mir reichen diese letzten 15 Minuten, um den ganzen verdammten Film einzusacken«, versicherte die Vollblutschauspielerin glaubhaft. Welcher Mann, sei's auf der Leinwand, sei's im Leben, könnte neben einer solchen Furie bestehen? Robert Taylor konnte es jedenfalls nicht.
Er ließ sich von Barbara Stanwyck scheiden und heiratete Ursula Thiess, die 22 Jahre jünger war als Barbara, und gab sich damit geschlagen; er hatte den Vergleich mit ihr nicht ausgehalten. Barbaras Rache bestand darin, daß sie sich bis zu seinem Tod 1969 15 Prozent seiner Einnahmen zusichern ließ. Natürlich konnte sie dieser bescheidene finanzielle Erfolg nicht über den Verlust ihres offenbar geliebten Mannes trösten. Mit der Scheidung ließ sich auch nicht länger darüber hinwegsehen, daß sie eine Frau war, die auf die 50 zuging und ihre besten Tage hinter sich hatte. Von Hollywoods Traumehe waren nur Erinnerungen geblieben, manche so zweifelhafter Natur wie Hemingways Schilderung in einem Brief an seinen Lektor Maxwell Perkins: »Es sind jetzt viele Leute vom Film hier. Robert Taylor ist so eine Art kleiner Miniaturmann. Alles an ihm würde fotografiert männlich und stattlich wirken, aber das durch die Linse vergrößerte reale Modell ist weder besonders amüsant noch beeindruckend. Seine Frau, Barbara Stanwyck, ist die Häßlichkeit selbst, trägt zum Essen Schmiere im Gesicht und ist sehr nett mit ihrem guten zähen Irenverstand.«
Nein, eine Schönheit war Barbara Stanwyck nie, eher eine Verruchtheit. Das Inbild der Sünde. Zu guter Letzt hat sie bezahlen müssen für ihre Härte, für ihre professionelle Berufsauffassung, für ihre Triumphe über schwächere Männer. Da traf es sich gut, wenn es auch mit ihrer Karriere steil bergab ging. Mit ihrem alten Freund Ronnie Reagan als *Cattle Queen,* als Rinderchefin, auftreten zu dürfen, was für ein Abstieg! Die selber schwindsüchtige Filmindustrie kannte kein Erbarmen mit der grauhaarigen reifen Frau, die sich einfach nicht zurückziehen konnte, sondern die immer neue Rollen

verlangte und ein großer Star bleiben wollte. Diese Demütigung, am Ende der auslaufenden Filmkarriere mit Elvis (in *Roustabout*) und zusammen mit dem ihr inzwischen gründlich verhaßten Bob Taylor (in *The Night Walker*) auftreten zu müssen! Die einzigen beiden Filme der letzten Phase, die noch ein bißchen was hergaben, waren *Forty Guns* und kurioserweise *Walk on the Wild Side.* Fuller erhob sie zur Göttin des Wilden Westens, zur Urmutter des amerikanischen Expansionsdrangs, und Edward Dmytryk ließ sie in seiner New-Orleans-Geschichte als lesbische Puffmutter auftreten, die es pervers findet, sich mit Männern abzugeben.

Die Männer hatten außer ehrfürchtiger Scheu wenig übrig für diesen Wirbelwind, der auf der Leinwand nichts heil sein ließ, und Miß Stanwyck gelobte nach der Trennung von Taylor ohnehin, sie würde nie einen anderen Mann lieben können. Statt dessen hielt sie sich an die Flasche – und an die Arbeit. Ein Nebeneffekt von *Forty Guns* bestand darin, daß man sie als Stammesmutter in *The Big Valley* einsetzte. Das war zwar nicht mehr die große Leinwand, aber immerhin kam sie damit drei Jahre lang fast jede Woche ins Wohnzimmer, um ihren Landsleuten von der guten alten Zeit zu erzählen. Nachdem die Serie 1969 abgesetzt worden war, konnte sie noch in drei mittelprächtigen Fernsehspielen auftreten, um dann wieder für ein volles Jahrzehnt von jeder Bildfläche zu verschwinden.

»Gibt es die überhaupt noch?« »Ich wußte gar nicht, daß die noch lebt!« hieß es 1982, als bekannt wurde, daß die inzwischen 75jährige die Rolle der Mary Carson in dem Fernseh-Vierteiler *Die Dornenvögel* nach dem Bestseller von Colleen McCullough übernehmen würde. Im gleichen Jahr erinnerte man sich in Hollywood in einer Aufwallung von Schuldgefühl, daß man ihr trotz vier Nominierungen nie den Oscar verliehen hatte. John Travolta durfte ihr deshalb den Oscar h. c. für eine lange und fruchtbare Karriere überreichen: »Sie ist ein Profi und braucht nur über die Leinwand zu spazieren, schon strahlt sie Schönheit und Vertrauen aus. Immer ist sie die Frau, die sie spielt, und bleibt doch immer sie selbst.«

Mary Carson (Barbara Stanwyck) ist die verwitwete kinderlose Patronin des stattlichen Herrensitzes Drogheda, einer Schaffarm in Australien.

Barbara Stanwyck faßte ihr Leben knapper zusammen: »Ich hatte nie Zeit, mich zu erholen. Mein Leben bestand in meiner Karriere.« Und mit beidem ging es triumphal weiter. Angeblich saßen 110 Millionen Amerikaner vor der Kiste, als das katholische Rührstück um den unglaublich attraktiven Priester Ralph de Bricassart lief; in Deutschland waren die Zuschauer bei soviel Liebesleid und -lust nicht weniger gerührt. Barbara Stanwyck, ganz die gewohnte Zicke, hatte verlangt, daß das Drehbuch, das ihre Mary in milderem Licht erscheinen ließ, als das die Romanautorin beabsichtigt hatte, revidiert würde, damit sie tatsächlich als die böse alte Frau auftreten durfte, die sie noch einmal spielen wollte: »Eins möchte ich dir sagen, Kardinal de Bricassart, über das Alter und diesen deinen Gott nämlich. Diesen rachsüchtigen Gott, der unseren Körper zerstört und uns gerade noch soviel Verstand übrigläßt, daß wir diesen Verfall bedauern können. In diesem dummen Körper drin bin ich noch immer jung. Ich habe noch Gefühle und Wünsche. Ich träume noch immer und ich liebe dich noch immer. O Gott, und wie!« Nach diesen Worten begeht sie Selbstmord.
Barbara Stanwyck wurde für ihre Darstellung der Mary Carson für den Emmy (den Fernseh-Oscar) nominiert und erhielt den Golden Globe. Plötzlich war sie wieder präsent und arbeitslustig wie in jüngeren Tagen. Offenbar machte es ihr keinen Spaß mehr, allein zu Hause vor der Kiste zu sitzen und sich in der Erinnerung an bessere Zeiten vollaufen zu lassen. Anders als in den vergangenen 30 Jahren war sie auch wieder gefragt, sowohl beim Publikum wie bei den Produzenten. Als die Liebe-Haß-Geld-Sex-Familienserie »Dynasty« (in Deutschland: »Der Denver-Clan«) zu verwickelt wurde, gliederten die Produzenten die Familie der Colbys aus und schrieben für die Mitspieler Charlton Heston, John James, Ricardo Montalban, Emma Samms und Stephanie Beecham eigene Episoden. Barbara Stanwyck ließ sich als Constance Paterson Colby verpflichten, wenn auch zunächst nur für 13 Folgen. Gerüchten zufolge kam sie im November 1985 am Set an und erledigte den Fall auf ihre bekannte unverblümte Art: »Das ist das schlimmste Mistzeug, das ich je zu spielen

hatte!« Aber immerhin spielte sie mit und verschaffte der Serie damit nicht wenig Attraktivität.
80 Jahre ist sie jetzt alt, aber ihr Schandmaul ist so jung wie eh und je. Die Legende Barbara Stanwyck ist aus der Vergessenheit aufgetaucht und lebt wieder unter uns. Und, siehe da, ihre Auftritte sind nicht einmal peinlich (wie etwa die ihres ehemaligen Kollegen Reagan), sondern lassen noch immer etwas von der Kraft des Waisenkinds aus Brooklyn erahnen, das sich allein mit Leistung hochboxen mußte. Sie hat's geschafft, und ohne sie wäre das Kino um einen göttlichen Vamp ärmer.
In einem Interview hat sie ihr Leben und ihre Karriere wie folgt zusammengefaßt: »Ich habe mich darauf einzustellen, daß der Traum aus ist. Ich bin nicht mehr gefragt, aber was soll's? Deshalb muß ich nicht abbauen oder zu saufen anfangen oder gleich depressiv werden. Ich hatte meine Chance, und es war wundervoll. Dafür bin ich dankbar. Jetzt muß ich etwas zur Seite rücken und anderen Platz machen. Deshalb bin ich auf niemanden eifersüchtig. Stop, das nehme ich zurück. Auf Miß Hepburn bin ich wahrscheinlich doch eifersüchtig, weil die drei Oscars gekriegt hat. Aber Klagelieder für Barbara Stanwyck braucht niemand anzustimmen. Scheiß drauf! Mir ist es doch ganz gut gegangen, glaube ich.«

Filmographie

Der Name des Regisseurs folgt dem Uraufführungsdatum. Ein (F) hinter dem Uraufführungsdatum bedeutet Farbfilm. DB = Drehbuch; b/a = basiert auf.

1. **BROADWAY NIGHTS**
   First National, 1927. *Joseph C. Boyle.* DB: Forrest Halsey; b/a Story von Norman Houston.
   Besetzung: Lois Wilson, Sam Hardy, Louis John Bartels, Philip Strange, Bunny Weldon.
2. **THE LOCKED DOOR**
   United Artists, 1929. *George Fitzmaurice.* DB: C. Gardner Sullivan und George Scarborough; b/a Stück von Channing Pollock.
   Besetzung: Rod La Rocque, William Boyd, Betty Bronson, Harry Stubbs, Harry Mestayer, Mack Swain, ZaSu Pitts.
   Erste Verfilmung 1921 unter dem Titel *The Sign on the Door.*
3. **MEXICALI ROSE**
   Columbia, 1929. *Erle C. Kenton.* DB: Gladys Lehman und Norman Houston.
   Besetzung: Sam Hardy, William Janney, Louis Natheaux, Arthur Rankin, Harry Vejar, Louis King.
4. **LADIES OF LEISURE** (»Luxusfrauen«)
   Columbia, 1930. *Frank Capra.* DB: Jo Swerling; b/a Stück von Milton Herbert Gropper.
   Besetzung: Ralph Graves, Lowell Sherman, Marie Prevost, Nance O'Neil, George Fawcett, Johnnie Walker.
   Remake 1937 unter dem Titel *Women of Glamour.*
5. **ILLICIT**
   Warner Bros., 1931. *Archie Mayo.* DB: Harvey Thew; b/a Stück von Edith Fitzgerald und Robert Riskin.
   Besetzung: James Rennie, Ricardo Cortez, Natalie Moorhead, Charles Butterworth, Joan Blondell, Claude Gillingwater.
6. **TEN CENTS A DANCE**
   Columbia, 1931. *Lionel Barrymore.* DB: Jo Swerling.
   Besetzung: Ricardo Cortez, Monroe Owsley, Sally Blane, Martha Sleeper, Blanche Frederici, David Newell.

7. **NIGHT NURSE**
Warner Bros., 1931. *William W. Wellman.* DB: Oliver H. P. Garrett; b/a Roman von Dora Macy.
Besetzung: Ben Lyon, Joan Blondell, Clark Gable, Blanche Frederici, Charlotte Merriam, Charles Winninger, Edward Nugent, Vera Lewis, Ralf Harolde.
8. **THE MIRACLE WOMAN**
Columbia, 1931. *Frank Capra.* DB: Jo Swerling; b/a Stück von John Meehan und Robert Riskin.
Besetzung: David Manners, Sam Hardy, Beryl Mercer, Russell Hopton.
9. **FORBIDDEN** (»Sehnsucht ohne Ende«)
Columbia, 1932. *Frank Capra.* DB: Jo Swerling; b/a Story von Capra.
Besetzung: Adolphe Menjou, Ralph Bellamy, Dorothy Peterson, Charlotte V. Henry, Thomas Jefferson, Halliwell Hobbes.
10. **SHOPWORN**
Columbia, 1932. *Nicholas Grinde.* DB: Jo Swerling und Robert Riskin; b/a Story von Sarah Y. Mason.
Besetzung: Regis Toomey, ZaSu Pitts, Lucien Littlefield, Clara Blandick, Oscar Apfel.
11. **SO BIG**
Warner Bros., 1932. *William A. Wellman.* DB: J. Grubb Alexander und Robert Lord; b/a Roman von Edna Ferber.
Besetzung: George Brent, Dickie Moore, Guy Kibbee, Bette Davis, Mae Madison, Hardie Albright, Robert Warwick, Alan Hale, Arthur Stone, Dorothy Peterson, Dawn O'Day (Anne Shirley), Elizabeth Patterson.
Bereits 1924 verfilmt (»Ihr Junge«), Remake 1953.
12. **THE PURCHASE PRICE**
Warner Bros., 1932. *William A. Wellman.* DB: Robert Lord; b/a Story von Arthur Stringer.
Besetzung: George Brent, Lyle Talbot, Hardie Albright, David Landau, Murray Kinnell, Leila Bennett, Matt McHugh, Dawn O'Day (Anne Shirley), Mae Busch.

13. **THE BITTER TEA OF GENERAL YEN**
Columbia, 1933. *Frank Capra.* DB: Edward Paramore; b/a Roman von Grace Zaring Stone.
Besetzung: Nils Asther, Toshia Mori, Walter Connolly, Gavin Gordon, Lucien Littlefield, Richard Loo, Helen Jerome Eddy, Clara Blandick.

14. **LADIES THEY TALK ABOUT**
Warner Bros., 1933. *Howard Bretherton* und *William Keighley.* DB: Sidney Sutherland und Brown Holmes; b/a Stück von Dorothy Mackaye und Carlton Miles.
Besetzung: Preston Foster, Lyle Talbot, Dorothy Burgess, Lilian Roth, Maude Eburne, Harold Huber, Ruth Donnelly, Robert Warwick, Cecil Cunningham, Helen Ware.
Remake 1942 unter dem Titel *Lady Gangster.*

15. **BABY FACE**
Warner Bros., 1933. *Alfred E. Green.* DB: Gene Markey und Kathryn Scola; b/a Story von Mark Canfield.
Besetzung: George Brent, Donald Cook, Alphonse Ethier, Henry Kolker, Robert Barrat, Theresa Harris, Douglass Dumbrille, Arthur Hohl, Margaret Lindsay, Nat Pendleton, John Wayne, Toby Wing, Renee Whitney.

16. **EVER IN MY HEART** (»Ihre letzte Nacht«)
Warner Bros., 1933. *Archie Mayo.* DB: Bertram Milhauser; b/a Story von Milhauser und Beulah Marie Dix.
Besetzung: Otto Kruger, Ralph Bellamy, Ruth Donnelly, Frank Albertson, Laura Hope Crews, Frank Reicher, Clara Blandick, Nella Walker, George Cooper, Wallis Clark, Florence Roberts, Henry O'Neill, Ronnie Crosby, Bess Flowers, Willard Robertson, Elizabeth Patterson.

17. **GAMBLING LADY**
Warner Bros., 1934. *Archie Mayo.* DB: Ralph Block und Doris Malloy; b/a Story von Malloy.
Besetzung: Joel McCrea, Pat O'Brien, Claire Dodd, C. Aubrey Smith, Robert Barrat, Arthur Vinton, Phillip Reed, Philip Faversham, Ferdinand Gottschalk, Arthur Treacher, Robert Elliott, Willard Robertson.

18. **A LOST LADY**
First National, 1934. *Alfred E. Green.* DB: Gene Markey und Kathryn Scola; b/a Roman von Willa Cather.
Besetzung: Frank Morgan, Ricardo Cortez, Lyle Talbot, Phillip Reed, Hobart Cavanaugh, Henry Kolker, Rafaela Ottiano, Samuel Hinds, Edward McWade.
Bereits 1924 verfilmt.

19. **THE SECRET BRIDE**
Warner Bros., 1935. *William Dieterle.* DB: Tom Buckingham, F. Hugh Herbert und Mary McCall jr.; b/a Stück von Leonard Ide.
Besetzung: Warren William, Glenda Farrell, Grant Mitchell, Arthur Byron, Henry O'Neill, Douglass Dumbrille, Willard Robertson.

20. **THE WOMAN IN RED**
First National, 1935. *Robert Florey.* DB: Mary McCall jr. und Peter Milne; b/a Roman von Wallace Irwin.
Besetzung: Gene Raymond, Genevieve Tobin, John Eldredge, Phillip Reed, Dorothy Tree, Russell Hicks, Nella Walker, Doris Lloyd, Claude Gillingwater, Arthur Treacher, Hale Hamilton.

21. **RED SALUTE/RUNAWAY DAUGHTER** (»Mädchen von heute«)
Reliance/United Artists, 1935. *Sidney Lanfield.* DB: Humphrey Pearson und Manuel Seff; b/a Story von Pearson.
Besetzung: Robert Young, Hardie Albright, Cliff Edwards, Ruth Donnelly, Gordon Jones, Paul Stanton, Nella Walker, Purnell Pratt, Henry Kolker, Arthur Vinton.

22. **ANNIE OAKLEY**
RKO, 1935. *George Stevens.* DB: Joel Sayre und John Twist; b/a Story von Joseph A. Fields und Ewart Adamson.
Besetzung: Preston Foster, Melvyn Douglas, Moroni Olsen, Pert Kelton, Andy Clyde, Margaret Armstrong, Chief Thunderbird, Delmar Watson.

23. **A MESSAGE TO GARCIA** (»Die Botschaft an Garcia«)
20th Century-Fox, 1936. *George Marshall.* DB: W. P. Lipscomb und Gene Fowler; b/a Essay von Elbert Hubbard und Buch von Andrew S. Rowan.

Besetzung: Wallace Beery, John Boles, Hubert Mundin, Mona Barrie, Enrique Acosta, Martin Garralaga, Juan Torena, Blanca Vischer, Rita Cansino (Hayworth).

24. **THE BRIDE WALKS OUT**
RKO, 1936. *Leigh Jason.* DB: P. J. Wolfson und Philip G. Epstein; b/a Story von Howard Emmett Rogers.
Besetzung: Gene Raymond, Robert Young, Ned Sparks, Helen Broderick, Willie Best, Robert Warwick, Billy Gilbert, Hattie McDaniel, Irving Bacon.

25. **HIS BROTHER'S WIFE** (»Zwischen Haß und Liebe«)
MGM, 1936. *W. S. Van Dyke.* DB: Leon Gordon und John Meehan; b/a Story von George Auerbach.
Besetzung: Robert Taylor, Jean Hersholt, Joseph Calleia, John Eldredge, Samuel S. Hinds, Leonard Mudie, Jed Prouty, Pedro De Cordoba.

26. **BANJO ON MY KNEE** (»Mississippi-Melodie«)
20th Century-Fox, 1936. *John Cromwell.* DB: Nunnally Johnson; b/a Roman von Harry Hamilton.
Besetzung: Joel McCrea, Walter Brennan, Buddy Ebsen, Helen Westley, Walter Catlett, Anthony (später Tony) Martin, Katherine DeMille, Victor Kilian, Minna Gombell, Spencer Charters, der Hall-Johnson-Chor.

27. **THE PLOUGH AND THE STARS**
RKO, 1937. *John Ford.* DB: Dudley Nichols; b/a Stück von Sean O'Casey.
Besetzung: Preston Foster, Barry Fitzgerald, Denis O'Dea, Eileen Crowe, F. J. McCormick, Arthur Shields, Una O'Connor, Moroni Olsen, Bonita Granville, J. M. Kerrigan, Erin O'Brien-Moore, Mary Gordon, Doris Lloyd.

28. **INTERNES CAN'T TAKE MONEY** (»Assistenzarzt Dr. Kilder«, »Der Arzt der Unterwelt«)
Paramount, 1937. *Alfred Santell.* DB: Rian James und Theodore Reeves; b/a Story von Max Brand.
Besetzung: Joel McCrea, Lloyd Nolan, Stanley Ridges, Lee Bowman, Barry Macollum, Irving Bacon, Gaylord Pendleton, Pierre Watkin, Priscilla Lawson, Fay Holden, Sarah Padden, James Bush.

29. **THIS IS MY AFFAIR** (»Unter vier Augen«)
20th Century-Fox, 1937. *William A. Seiter.* DB: Allen Rivkin und Lamar Trotti.
Besetzung: Robert Taylor, Victor McLaglen, Brian Donlevy, Sidney Blackmer, John Carradine, Alan Dinehart, Douglas Fowley, Robert McWade, Frank Conroy, Sig Rumann.

30. **STELLA DALLAS** (»Stella Dallas«)
Samuel Goldwyn/United Artists, 1937. *King Vidor.* DB: Harry Wagstaff Gribble und Gertrude Purcell; b/a Roman von Olive Higgins Prouty.
Besetzung: John Boles, Anne Shirley, Barbara O'Neil, Alan Hale, Marjorie Main, Ann Shoemaker, Tim Holt, Nella Walker, Jimmy Butler, Dickie Jones, Lilian Yarbo.
Bereits 1925 verfilmt.

31. **BREAKFAST FOR TWO**
RKO, 1937. *Alfred Santell.* DB: Charles Kaufman, Paul Yawitz und Viola Brothers Shore; b/a Story von David Garth.
Besetzung: Herbert Marshall, Glenda Farrell, Eric Blore, Frank M. Thomas, Donald Meek, Pierre Watkin, Etienne Girardot.

32. **ALWAYS GOODBYE**
20th Century-Fox, 1938. *Sidney Lanfield.* DB: Kathryn Scola und Edith Skouras; b/a Story von Gilbert Emery und Douglas Doty.
Besetzung: Herbert Marshall, Ian Hunter, Cesar Romero, Lynn Bari, Binnie Barnes, Johnny Russell, Mary Forbes, Albert Conti, Franklin Pangborn, Marcelle Corday.
Remake von *Gallant Lady* (1934).

33. **THE MAD MISS MANTON**
RKO, 1938. *Leigh Jason.* DB: Philip G. Epstein; b/a Story von Wilson Collison.
Besetzung: Henry Fonda, Sam Levene, Frances Mercer, Stanley Ridges, Whitney Bourne, Vicki Lester, Ann Evers, Hattie McDaniel, James Burke, Penny Singleton, Paul Guilfoyle, Grady Sutton, John Qualen, Miles Mander.

34. **UNION PACIFIC** (»Die Frau gehört mir«, »Union Pacific«, »Pazifik-Expreß«)
Paramount, 1939. *Cecil B. DeMille.* DB: Walter DeLeon, C.

Gardner Sullivan und Jesse Lasky jr.; b/a Story von Ernest Haycox.
Besetzung: Joel McCrea, Robert Preston, Akim Tamiroff, Lynne Overman, Brian Donlevy, Anthony Quinn, Evelyn Keyes, Stanley Ridges, Regis Toomey, Syd Saylor, J. M. Kerrigan, William Haade, Fuzzy Knight, Francis MacDonald, Henry Kolker, Julia Faye.

35. **GOLDEN BOY** (»Golden Boy«)
Columbia, 1939. *Rouben Mamoulian.* DB: Lewis Meltzer, Daniel Taradash, Sarah Y. Mason und Victor Heerman; b/a Stück von Clifford Odets.
Besetzung: Adolphe Menjou, William Holden, Lee J. Cobb, Joseph Calleia, Sam Levene, Edward S. Brophy, Beatrice Blinn.

36. **REMEMBER THE NIGHT** (»Die unvergeßliche Nacht«)
Paramount, 1940. *Mitchell Leisen.* DB: Preston Sturges.
Besetzung: Fred MacMurray, Beulah Bondi, Elizabeth Patterson, Willard Robertson, Sterling Holloway, Charles Waldron, Paul Guilfoyle, Charles Arnt, John Wray, Georgia Caine, Tom Kennedy.

37. **THE LADY EVE** (»Die Falschspielerin«)
Paramount, 1941. *Preston Sturges.* DB: Preston Sturges; b/a Story von Monckton Hoffe.
Besetzung: Henry Fonda, Charles Coburn, Eugene Pallette, William Demarest, Eric Blore, Melville Cooper, Martha O'Driscoll, Janet Beecher, Robert Grieg.
Remake 1956 unter dem Titel *The Birds and the Bees.*

38. **MEET JOHN DOE** (»Hier ist John Doe«)
Warner Bros., 1941. *Frank Capra.* DB: Robert Riskin; b/a Story von Richard Connell und Robert Presnell.
Besetzung: Gary Cooper, Edward Arnold, Walter Brennan, Spring Byington, James Gleason, Gene Lockhart, Rod La Rocque, Irving Bacon, Regis Toomey, J. Farrell MacDonald, Warren Hymer, Andrew Tombes, Pierre Watkin, Ann Doran.

39. **YOU BELONG TO ME**
Columbia, 1941. *Wesley Ruggles.* DB: Claude Binyon; b/a Story von Dalton Trumbo.
Besetzung: Henry Fonda, Edgar Buchanan, Roger Clark,

Ruth Donnelly, Melville Cooper, Ralph Peters, Maude Eburne, Renie Riano, Mary Treen, Gordon Jones.
Remake 1950 unter dem Titel *Emergency Wedding*.

40. **BALL OF FIRE** (»Die merkwürdige Zähmung der Gangsterbraut Sugarpuss«)
RKO, 1941. *Howard Hawks*. DB: Charles Brackett und Billy Wilder; b/a Story von Wilder und Thomas Monroe.
Besetzung: Gary Cooper, Oscar Homolka, Henry Travers, S. Z. Sakall, Tully Marshall, Leonid Kinskey, Richard Haydn, Aubrey Mather, Allen Jenkins, Dana Andrews, Dan Duryea, Ralph Peters, Kathleen Howard, Charles Ant.
Remake 1948 unter dem Titel *A Song is Born* (»Die tollkühne Rettung der Gangsterbraut Honey Swanson«).

41. **THE GREAT MAN'S LADY**
Paramount, 1942. *William A. Wellman*. DB: W. L. River; b/a Originalstory von Adela Rogers St. Johns und Seena Owen, nach einer Kurzgeschichte von Viña Delmar.
Besetzung: Joel McCrea, Brian Donlevy, Katharine (später »K. T.«) Stevens, Thurston Hall, Lloyd Corrigan, Etta McDaniel, Frank M. Thomas, William B. Davidson.

42. **THE GAY SISTERS**
Warner Bros., 1942. *Irving Rapper*. DB: Lenore Coffee; b/a Roman von Stephen Longstreet.
Besetzung: George Brent, Geraldine Fitzgerald, Donald Crisp, Gig Young, Nancy Coleman, Gene Lockhart, Larry Simms, Donald Woods, Grant Mitchell, Anne Revere, Helene Thimig.

43. **LADY OF BURLESQUE**
Hunt Stromberg/United Artists, 1943. *William A. Wellman*. DB: James Gunn; b/a Roman von Gypsy Rose Lee.
Besetzung: Michael O'Shea, J. Edward Bromberg, Iris Adrian, Gloria Dickson, Victoria Faust, Stephanie Bachelor, Charles Dingle, Marion Martin, Eddie Gordon, Frank Fenton, Pinky Lee, Frank Conroy, Janis Carter.

44. **FLESH AND FANTASY** (»Das zweite Gesicht«)
Universal, 1943. *Julien Duvivier*. DB: Ernest Pascal, Samuel Hoffenstein und Ellis St. Joseph; b/a Stories von St. Joseph, Oscar Wilde und Laslo Vadnay.

Besetzung: Edward G. Robinson, Charles Boyer, Betty Field, Robert Cummings, Thomas Mitchell, Charles Winninger, Anna Lee, Dame May Whitty, C. Aubrey Smith, Robert Benchley.

45. **DOUBLE INDEMNITY** (»Frau ohne Gewissen«)
Paramount, 1944. *Billy Wilder.* DB: Billy Wilder und Raymond Chandler; b/a Roman von James M. Cain.
Besetzung: Fred MacMurray, Edward G. Robinson, Porter Hall, Jean Heather, Tom Powers, Byron Barr, Richard Gaines, Fortunio Bonanova.
Remake 1981 als *Body Heat* (»Die heißkalte Frau«).

46. **HOLLYWOOD CANTEEN**
Warner Bros., 1944. *Delmer Daves.* DB: Delmer Daves.
Besetzung: Joan Leslie, Robert Hutton, Dane Clark, Janis Paige und viele Gaststars.

47. **CHRISTMAS IN CONNECTICUT**
Warner Bros., 1945. *Peter Godfrey.* DB: Lionel Houser und Adele Comandini; b/a Story von Aileen Hamilton.
Besetzung: Dennis Morgan, Sydney Greenstreet, Reginald Gardiner, S. Z. Sakall, Robert Shayne, Una O'Connor, Frank Jenks, Joyce Compton.

48. **MY REPUTATION**
Warner Bros., 1946. *Curtis Bernhardt.* DB: Catherine Turney; b/a Roman von Clare Jaynes.
Besetzung: George Brent, Warner Anderson, Lucile Watson, John Ridgely, Eve Arden, Jerome Cowan, Esther Dale, Scotty Beckett, Bobby Cooper, Leona Maricle, Cecil Cunningham, Janis Wilson, Ann E. Todd, Mary Servoss.

49. **THE BRIDE WORE BOOTS**
Paramount, 1946. *Irving Pichel.* DB: Dwight Mitchell Wiley; b/a Story von Wiley und Stück von Harry Segall.
Besetzung: Robert Summings, Diana Lynn, Patric Knowles, Peggy Wood, Robert Benchley, Willi Best, Natalie Wood, Gregory Muradian.

50. **THE STRANGE LOVE OF MARTHA IVERS**
(»Die seltsame Liebe der Martha Ivers«)
Paramount, 1946. *Lewis Milestone.* DB: Robert Rossen; b/a Story von Jack Patrick.

Besetzung: Van Heflin, Lizabeth Scott, Kirk Douglas, Judith Anderson, Roman Bohnen, Darryl Hickman, Janis Wilson, Ann Doran, Frank Orth, James Flavin.

51. **CALIFORNIA** (»California«)
Paramount, 1947. (F) *John Farrow.* DB: Frank Butler und Theodore Strauss; b/a Story von Boris Ingster.
Besetzung: Ray Milland, Barry Fitzgerald, George Coulouris, Albert Dekker, Anthony Quinn, Frank Faylen, Gavin Muir, James Burke, Eduardo Ciannelli, Roman Bohnen, Argentina Brunetti, Howard Freeman, Julia Faye.

52. **THE TWO MRS. CARROLLS** (»Die zwei Mrs. Carrolls«)
Warner Bros., 1947. *Peter Godfrey.* DB: Thomas Job; b/a Stück von Martin Vale.
Besetzung: Humphrey Bogart, Alexis Smith, Nigel Bruce, Isobel Elsom, Pat O'Moore, Ann Carter, Anita Bolster.

53. **THE OTHER LOVE**
Enterprise/United Artists, 1947. *André de Toth.* DB: Harry Brown und Ladislas Fodor; b/a Kurzgeschichte von Erich Maria Remarque.
Besetzung: David Niven, Richard Conte, Gilbert Roland, Joan Lorring, Lenore Aubert, Maria Palmer, Natalie Schafer.

54. **CRY WOLF**
Warner Bros., 1947. *Peter Godfrey.* DB: Catherine Turney; b/a Roman von Marjorie Carleton.
Besetzung: Errol Flynn, Geraldine Brooks, Richard Basehart, Jerome Cowan, John Ridgely, Patricia White, Rory Mallinson, Helene Thimig, Paul Stanton.

55. **VARIETY GIRL** (»Mädchen für Hollywood«)
Paramount, 1947. *George Marshall.* DB: Edmund Hartmann, Frank Tashlin, Robert Welch und Monte Brice.
Besetzung: Mary Hatcher, Olga San Juan, DeForest Kelley, William Demarest, Frank Faylen, Frank Ferguson u. v. a.

56. **B. F.'S DAUGHTER**
MGM, 1948. *Robert Z. Leonard.* DB: Luther Davis; b/a Roman von J. P. Marquand.
Besetzung: Van Heflin, Charles Coburn, Richard Hart, Keenan Wynn, Margaret Lindsay, Spring Byington, Marshall Thompson, Barbara Laage, Thomas E. Breen.

57. **SORRY, WRONG NUMBER** (»Du lebst noch 105 Minuten«, »Der Täter meldet sich«)
Paramount, 1948. *Anatole Litvak.* DB: Lucille Fletcher; b/a ihrem Hörspiel.
Besetzung: Burt Lancaster, Ann Richards, Wendell Corey, Harold Vermilyea, Ed Begley, Leif Erickson, William Conrad, John Bromfield, Jimmy Hunt, Kristine Miller.

58. **THE LADY GAMBLES** (»Spielfieber«)
Universal, 1949. *Michael Gordon.* DB: Roy Huggins; b/a Story von Lewis Meltzer und Oscar Saul und einer Adaptation von Halsted Welles.
Besetzung: Robert Preston, Stephen McNally, Edith Barrett, John Hoyt, Phil Van Zandt, Leif Erickson, Curt Conway, Nana Bryant, Anthony (Tony) Curtis.

59. **EAST SIDE, WEST SIDE** (»Verlorenes Spiel«)
MGM, 1949. *Mervyn LeRoy.* DB: Isobel Lennart; b/a Roman von Marcia Davenport.
Besetzung: James Mason, Van Heflin, Ava Gardner, Cyd Charisse, Nancy Davis, Gale Sondergaard, William Conrad, Douglas Kennedy, Beverly Michaels, William Frawley.

60. **THELMA JORDAN/THE FILE ON THELMA JORDAN** (»Strafsache Thelma Jordan«)
Paramount, 1950. *Robert Siodmak.* DB: Ketti Frings; b/a Story von Marty Holland.
Besetzung: Wendell Corey, Paul Kelly, Joan Tetzel, Stanley Ridges, Richard Rober, Minor Watson, Barry Kelley, Laura Elliot, Basil Ruysdael.

61. **NO MAN OF HER OWN** (»Entgleist«)
Paramount, 1950. *Mitchell Leisen.* DB: Sally Benson und Catherine Turney; b/a Roman von William Irish.
Besetzung: John Lund, Jane Cowl, Phyllis Thaxter, Lyle Bettger, Henry O'Neill, Richard Denning, Carole Mathews, Harry Antrim, Catherine Craig, Esther Dale, Milburn Stone, Griff Barnett, Georgia Backus.

62. **THE FURIES** (»Die Farm der Besessenen«)
Paramount, 1950. *Anthony Mann.* DB: Charles Schnee; b/a Roman von Niven Busch.
Besetzung: Wendell Corey, Walter Huston, Judith Anderson,

Gilbert Roland, Thomas Gomez, Beulah Bondi, Albert Dekker, John Bromfield, Wallace Ford, Blanche Yurka.

63. **TO PLEASE A LADY** (»Tod im Nacken«)
MGM, 1950. *Clarence Brown.* DB: Barré Lyndon und Marge Decker.
Besetzung: Clark Gable, Adolphe Menjou, Will Geer, Roland Winters, William C. McGaw, Lela Bliss, Emory Parnell.

64. **THE MAN WITH A CLOAK**
MGM, 1951. *Fletcher Markle.* DB: Frank Fenton; b/a Story von John Dickson Carr.
Besetzung: Joseph Cotten, Louis Calhern, Leslie Caron, Joe De Santis, Jim Backus, Margaret Wycherly, Richard Hale, Nicholas Joy, Roy Roberts.

65. **CLASH BY NIGHT** (»Vor dem neuen Tag«)
RKO, 1952. *Fritz Lang.* DB: Alfred Hayes; b/a Stück von Clifford Odets.
Besetzung: Paul Douglas, Robert Ryan, Marilyn Monroe, J. Carrol Naish, Keith Andes, Silvio Minciotti.

66. **JEOPARDY** (»Sekunden der Angst«)
MGM, 1953. *John Sturges.* DB: Mel Dinelli; b/a Story von Maurice Zimm.
Besetzung: Barry Sullivan, Ralph Meeker, Lee Aaker.

67. **TITANIC** (»Untergang der Titanic«)
20th Century-Fox, 1953. *Jean Negulesco.* DB: Charles Brakkett, Walter Reisch und Richard Breen.
Besetzung: Clifton Webb, Robert Wagner, Audrey Dalton, Thelma Ritter, Brian Aherne, Richard Basehart, Allyn Joslyn, Edmund Purdom, Mae Marsh.

68. **ALL I DESIRE** (»All meine Sehnsucht«)
Universal-International, 1953. *Douglas Sirk.* DB: James Gunn und Robert Blees; b/a Roman von Carol Ryrie Brink.
Besetzung: Richard Carlson, Lyle Bettger, Marcia Henderson, Lori Nelson, Maureen O'Sullivan, Richard Long, Billy Gray, Lotte Stein.

69. **THE MOONLIGHTER**
Warner Bros., 1953. *Roy Rowland.* DB: Niven Busch.
Besetzung: Fred MacMurray, Ward Bond, William Ching, John Dierkes, Morris Ankrum, Jack Elam, Charles Halton.

70. **BLOWING WILD** (»Wilde Glut«, »Jeff«)
Warner Bros., 1953. *Hugo Fregonese.* DB: Philip Yordan.
Besetzung: Gary Cooper, Ruth Roman, Anthony Quinn, Ward Bond, Ian MacDonald, Richard Karlan.

71. **WITNESS TO MURDER** (»Zeugin des Mordes«)
Chester Erskine/United Artists, 1954. *Roy Rowland.* DB: Chester Erskine.
Besetzung: Georgc Sanders, Gary Merrill, Jesse White, Harry Shannon, Claire Carleton, Lewis Martin, Dick Elliott, Harry Tyler, Juanita Moore, Adeline De Walt Reynolds.

72. **EXECUTIVE SUITE** (»Die Intriganten«)
MGM, 1954. *Robert Wise.* DB: Ernest Lehman; b/a Roman von Cameron Hawley.
Besetzung: William Holden, June Allyson, Fredric March, Walter Pidgeon, Shelley Winters, Paul Douglas, Louis Calhern, Nina Foch, Tim Considine, William Phipps.

73. **CATTLE QUEEN OF MONTANA** (»Königin der Berge«)
RKO, 1955. (F) *Allan Dwan.* DB: Howard Estabrook und Robert Blees; b/a Story von Thomas Blackburn.
Besetzung: Ronald Reagan, Gene Evans, Lance Fuller, Anthony Caruso, Jack Elam, Yvette Dugay, Morris Ankrum, Myron Healey, Chubby Johnson.

74. **THE VIOLENT MEN** (»Rauhe Gesellen«)
Columbia, 1955. (F) *Rudolph Maté.* DB: Harry Kleiner; b/a Roman von Donald Hamilton.
Besetzung: Glenn Ford, Edward G. Robinson, Dianne Foster, Brian Keith, May Wynn, Warner Anderson, Basil Ruysdael, Lita Milan, Richard Jaeckel, Jack Kelly.

75. **ESCAPE TO BURMA** (»Flucht nach Burma«)
RKO, 1955. (F) *Allan Dwan.* DB: Talbot Jennings und Hobart Donavan; b/a Story von Kenneth Perkins.
Besetzung: Robert Ryan, David Farrar, Murvyn Vye, Lisa Montell, Robert Warwick, Reginald Denny, Peter Coe, Alex Montoya.

76. **THERE'S ALWAYS TOMORROW** (»Es gibt immer ein Morgen«)
Universal, 1956. *Douglas Sirk.* DB: Bernard C. Schoenfeld; b/a Story von Ursula Parrott.

Besetzung: Fred MacMurray, Joan Bennett, Pat Crowley, William Reynolds, Gigi Perreau, Judy Nugent, Jane Darwell. Bereits 1934 verfilmt.

77. **THE MAVERICK QUEEN** (»Der Teufel von Colorado«)
Republic, 1956. (F) *Joseph Kane.* DB: Kenneth Gamet und DeVallon Scott; b/a Roman von Zane Grey.
Besetzung: Barry Sullivan, Scott Brady, Mary Murphy, Wallace Ford, Howard Petrie, Jim Davis, Emile Meyer, Walter Sande, Taylor Holmes.

78. **THESE WILDER YEARS**
MGM, 1956. *Roy Rowland.* DB: Frank Fenton; b/a Story von Ralph Wheelwright.
Besetzung: James Cagney, Walter Pidgeon, Betty Lou Keim, Don Dubbins, Edward Andrews, Basil Ruysdael, Grandon Rhodes, Dean Jones.

79. **CRIME OF PASSION** (»Das war Mord, Mr. Doyle«)
Bob Goldstein/United Artists, 1957. *Gerd Oswald.* DB: Jo Eisinger.
Besetzung: Sterling Hayden, Raymond Burr, Fay Wray, Royal Dano, Virginia Grey, Dennis Cross, Jay Adler.

80. **TROOPER HOOK** (»Fluch der Gewalt«)
United Artists, 1957. *Charles Marquis Warren.* DB: Warren, David Victor, Herbert Little jr.; b/a Story von Jack Schaefer.
Besetzung: Joel McCrea, Earl Holliman, Edward Andrews, John Dehner, Susan Kohner, Royal Dano, Terry Lawrence, Celia Lovsky, Rodolfo Acosta.

81. **FORTY GUNS** (»Vierzig Gewehre«)
20th Century-Fox, 1957. *Samuel Fuller.* DB: Samuel Fuller.
Besetzung: Barry Sullivan, Dean Jagger, John Ericson, Gene Barry, Robert Dix, Jidge Carroll, Paul Dubov, Ziva Rodann, Eve Brent.

82. **A WALK ON THE WILD SIDE** (»Auf glühendem Pflaster«)
Columbia, 1962. *Edward Dmytryk.* DB: John Fante und Edmund Morris; b/a Roman von Nelson Algren.
Besetzung: Laurence Harvey, Capucine, Jane Fonda, Anne Baxter, Joanna Moore, Richard Rust, Karl Swenson, Donald Barry, Juanita Moore, John Anderson, Ken Lynch, Todd Armstrong, Lillian Bronson.

83. **ROUSTABOUT** (»König der heißen Rhythmen«)
Paramount, 1964. (F) *John Rich.* DB: Anthony Lawrence und Allan Weiss; b/a Story von Weiss.
Besetzung: Elvis Presley, Joan Freeman, Leif Erickson, Sue Anne Langdon, Pat Buttram, Joan Staley, Dabbs Greer, Steve Brodie, Jack Albertson, Jane Dulo.

84. **THE NIGHT WALKER** (»Er kam nur nachts«)
Universal, 1965. *William Castle.* DB: Robert Block.
Besetzung: Robert Taylor, Judith Meredith, Hayden Rorke, Rochelle Hudson, Marjorie Bennett, Jess Barker, Lloyd Bochner.

85. **THE HOUSE THAT WOULDN'T DIE** (»Das Geisterhaus«)
ABC-TV, 1970. (F) *John Llewellyn Moxey.* DB: Henry Farrell; b/a Roman von Barbara Michaels.
Besetzung: Richard Egan, Michael Anderson jr., Katherine (Kitty) Winn, Doreen Lang, Mabel Albertson.

86. **A TASTE OF EVIL** (»Der Hauch des Bösen«)
ABC-TV, 1971. (F) *John Llewellyn Moxey.* DB: Jimmy Sangster.
Besetzung: Barbara Parkins, Roddy McDowall, William Windom, Arthur O'Connell, Bing Russell, Dawn Frame.

87. **THE LETTERS**
ABC-TV, 1973. (F) *Gene Nelson.* DB (Stanwyck-Episode): Ellis Marcus und Hal Sitowitz; b/a Story von Marcus.
Besetzung: Story I – John Forsythe, Jane Powell, Lesley Warren; Story II – Ida Lupino, Pamela Franklin, Ben Murphy; Story III – Barbara Stanwyck, Leslie Nielsen, Dina Merrill.

88. **THE THORN BIRDS** (»Die Dornenvögel«)
ABC-Miniserie, 1983. (F) *Daryl Duke.* DB: Carmen Culver; b/a dem gleichnamigen Roman von Colleen McCullough.
Besetzung: Richard Chamberlain, Rachel Ward, Jean Simmons, Piper Laurie, Richard Kiley, Ken Howard, Christopher Plummer, Bryan Brown, Philip Anglim, Mare Winningham.

Bibliographie

American Film Institute, The: *The American Film Institute Catalog: Feature Films 1921–1930.* R. R. Bowker Co., New York, 1971.

Barbour, Alan G.: *Humphrey Bogart.* Pyramid Publications, New York, 1973.

Baxter, John: *The Cinema of John Ford.* A. Zwemmer & A. S. Barnes, London and New York, 1971.

Bergman, Andrew: *James Cagney.* Pyramid Publications, New York, 1973.

Blackwell, Earl (ed.): *Celebrity Register.* Simon & Schuster, New York, 1973.

Bogdanovich, Peter: *Allan Dwan: The Last Pioneer.* Praeger Publishers, Inc., New York, 1971.

– *Fritz Lang in America.* Praeger Publishers, Inc., New York, 1967.

– *John Ford.* A. Zwemmer & A. S. Barnes, London and New York, 1967.

Canham, Kingsley: *The Hollywood Professionals, Volume 2* (Lewis Milestone). The Tantivy Press & A. S. Barnes, New York and London, 1974.

Capra, Frank: *The Name Above the Title.* The Macmillan Co., New York, 1971.

Chierichetti, David: *Hollywood Director: Mitchell Leisen.* Curtis Books, New York, 1973.

Conway, Michael und Ricci, Mark: *The Films of Marilyn Monroe.* The Citadel Press, New York, 1964.

Dickens, Homer: *The Films of Gary Cooper.* The Citadel Press, New York, 1970.

– *The Films of James Cagney.* The Citadel Press, Secaucus, New Jersey, 1972.

Essoe, Gabe: *The Films of Clark Gable.* The Citadel Press, New York, 1970.

Garnham, Nicholas: *Samuel Fuller.* The Viking Press, New York, 1971.

Greene, Graham: *Graham Greene on Film.* Simon & Schuster, New York, 1972.

Griffith, Richard: *Frank Capra.* The British Film Institute, London, 1949.

Halliday, Jon: *Sirk on Sirk.* The Viking Press, New York, 1972.

Hardy, Phil: *Samuel Fuller.* Praeger Publishers, Inc., New York, 1970.

Higham, Charles und Greenberg, Joel: *The Celluloid Muse.* Henry Regnery Co., Chicago, 1969.

– *Hollywood in the Forties.* A. S. Barnes, New York, 1968.

Jensen, Paul M.: *The Cinema of Fritz Lang.* A. S. Barnes, New York, 1969.

Jordan, René: *Gary Cooper.* Pyramid Publications, New York, 1974.

Mantle, Burns: *The Best Plays of 1919–1920, –1923–24, –1924–25, –1926–27, –1927–28, –1928–29, –1932–33, –1937–38, –1941–42, –1943–44, –1944–45, –1946–47.* Dodd, Mead & Co., New York.

McCarty, Clifford: *Bogey: The Films of Humphrey Bogart.* The Citadel Press, New York, 1965.

Milne, Tom: *Mamoulian.* Indiana University Press, Bloomington, 1969.

Parish, James Robert: *Actors' Television Credits: 1950–1972.* The Scarecrow Press, Metuchen, New Jersey, 1973.

Quirk, Lawrence J.: *The Films of William Holden.* The Citadel Press, Secaucus, New Jersey, 1973.

Ringgold, Gene: *Barbara Stanwyck.* Artikel in *Films in Review,* Dezember 1963.

Ringgold, Gene and Bodeen, DeWitt: *The Films of Cecil B. DeMille.* The Citadel Press, New York, 1969.

Rosen, Marjorie: *Popcorn Venus.* Coward, McCann & Geoghegan, New York, 1973.

Sennett, Ted: *Lunatics and Lovers.* Arlington House, New Rochelle, 1974.

– *Warner Brothers Presents.* Arlington House, New Rochelle, 1971.

Sherman, Eric und Martin Rubin: *The Director's Event.* Atheneum, New York, 1970.

Smith, Ella: *Starring Miss Barbara Stanwyck. Crown Publishers, New York, 1974.*

Springer, John: The Fondas. The Citadel Press, New York, 1970.

Thomas, Bob: *King Cohn.* G. P. Putnam's Sons, New York, 1967.

Thomas, Tony, Behlmer, Rudi und McCarty, Clifford: *The Films of Errol Flynn.* The Citadel Press, New York, 1969.

Thomas, Tony: *The Films of Kirk Douglas.* The Citadel Press, Secaucus, New Jersey, 1972.

Ursini, James: *Preston Sturges.* Curtis Books, New York, 1973.

Wayne, Jane Ellen: *The Life of Robert Taylor.* Warner Paperback Library, New York, 1973.

– *Stanwyck. The Untold Biography.* Robson Books, London, 1986.

Register

D

E

F

G

H

W

Y